ソーシャルワーク

はじめに

人間は生きていくなかで、さまざまな課題に向き合います。

子どもたちも例外ではありません。

自分で乗り越える力も必要な場面もありますが、

子どもの力では解決できない課題があることも事実です。

また、子育ての環境が変化し、保護者も多様な課題と直面します。

子育てには悩みはつきものです。

子どもや保護者の抱える課題に寄り添い、解決に導いていくための

専門的技術であるソーシャルワークを児童館・児童クラブ職員は必要

としています。

児童館ガイドラインや放課後児童クラブ運営指針からは、

職員にソーシャルワークの技術が必要なことが読み解けます。

この一冊が子どもたちの課題解決の一助となることを期待しています。

一般財団法人児童健全育成推進財団

CONTENTS

第1章 ソーシャルワーク概論 — 5.

- 6. 1 ソーシャルワークとは
- 11. 2 集団を活用したソーシャルワーク
- 20. コラム 児童館ガイドラインとソーシャルワーク
- 21. 3 個人を対象としたソーシャルワーク
- 31. コラム 児童館・児童クラブの実践事例の紹介
- 32. 4 地域を基盤にしたソーシャルワーク
- 41. 5 まとめ
- 43. コラム ソーシャルワーカーのケア

44. 第2章 ソーシャルワークの展開

- 45. 1 ソーシャルワークを展開するにあたって
- 48. 2 アプローチの技法
- 56. 3 面接の技法
- 63. 4 記録
- 68. 5 個人情報の保護と倫理
- 70. 6 アウトリーチ
- 72. 7 ケースカンファレンス
- 74. 8 ネットワーク
- 77. コラム 児童相談所全国共通ダイヤル
- 78. 9 スーパービジョン
- 81. コラム 児童館・放課後児童クラブ職員の倫理綱領
- 82. 10 まとめ

86. 関係機関

87. 参考文献

第1章

ソーシャルワーク概論

1 ソーシャルワークとは

❶ ソーシャルワークとは何か

　社会福祉領域の職場で働いていると、どこかで「ソーシャルワーク」という言葉を聞いたことがあると思います。ソーシャルワークは、社会福祉従事者が人々を援助するための多様な援助活動のことです。児童館や放課後児童クラブ（以下、児童クラブと表記）で働く職員は、専門職者としてソーシャルワークの知識や技術が求められています。例えば、児童館や児童クラブを利用する子どもやその保護者、地域で子育てをする親から相談を受けた場合、どのような態度で関わることが望ましいのでしょうか。また、相談を受けた場合はどのように援助を展開していけばよいのでしょうか。友人関係がうまく作れない子どもや、地域の子育て中の親に対して、どのように友人関係が築けるよう働きかければよいのでしょうか。さらに、児童館や児童クラブの活動に対して、地域住民に参加してもらったり、子どもや家庭を地域で見守れるようなネットワークをどのように構築していけばいいのでしょうか。このような問題は、現場で働いているとどこかで疑問に思ったり、解決したいと考えるでしょう。これらの問題は、ソーシャルワークの技術を用いることで解決に向かうことができます。つまり、ソーシャルワークについて学ぶことは、児童館や児童クラブで働き、その時々に起きる問題に対応していくために必要なことと言えます。では、ソーシャルワークとは具体的にどのような援助活動なのでしょうか。以下、少し具体的に学んでいきましょう。

❷ ソーシャルワークの定義

　まず、ソーシャルワークの定義を確認します。国際ソーシャルワーカー連盟（IFSW）は、2014年7月にメルボルンにて開催された

総会にて、ソーシャルワークのグローバル定義(世界レベルの定義)を発表しています（表 1-1）。

　つまり、ソーシャルワーカー（援助者）は、ニーズ（生活上の困りごと）を抱えるクライエント（利用者）が、主体的にニーズの解決に取り組み、ニーズの解決や自立支援、自己実現の達成などウェルビーイング（人間の福利）の増進を目指せるよう援助します。その方法であるソーシャルワークは、クライエント自身の力を高めつつ、人々のニーズにかかわる環境に、社会資源を調整しながらクライエントとともに働きかけていくということです。すなわちソーシャルワークとは、個人や社会をよりよい方向へと変えていこうとする総合的・複合的な活動と言えます。児童館や児童クラブで働く職員は、利用者が抱える生活上の困りごとに対して、利用者自身が自信を持って自分自身の困りごとに立ち向かえるよう、利用者自身や利用者に関係する人々、地域住民や関係機関などに利用者とともに働きかけることで困りごとを解決し、より充実した生活が送れるよう援助をしていくことが求められます。

> ソーシャルワークは、社会変革と社会開発、社会的結束、および人々のエンパワメントと解放を促進する、実践に基づいた専門職であり学問である。社会正義、人権、集団的責任、および多様性尊重の諸原理は、ソーシャルワークの中核をなす。ソーシャルワークの理論、社会科学、人文学、および地域・民族固有の知を基盤として、ソーシャルワークは、生活課題に取り組みウェルビーイングを高めるよう、人々やさまざまな構造に働きかける。
> この定義は、各国および世界の各地域で展開してもよい。

【表 1-1 ソーシャルワークの定義】

❸ 人と環境との関係への介入

　上記において、ソーシャルワークの目的は、クライエントのニーズを解決し、ウェルビーイングの増進を目指すことを確認しました。なお、ウェルビーイングとは、人間の福利や幸福、幸せなどと訳すことができます。では、何をどのようにして、クライエントのニーズを解決し、ウェルビーイングの増進を目指すのでしょうか。

　ソーシャルワークは、①人に働きかける、②環境に働きかける、③人と環境の交互関係を調整する、という3つの取り組みにより利用者のニーズの解決を目指します。このことを図にしたものが、図1-1です。ソーシャルワークの特色は、人と環境との交互関係を焦点として理論を確立していることです。人は、家族や友人、学校、職場、地域など、必ず何かしらの環境に囲まれ、その環境と交互作用をしながら生活をしています。そのため、クライエントに生活上の問題が生じている場合、クライエント自身とクライエントの環境の間での交互関係が機能していない結果と捉えます。援助者は解決に向けて、人、環境、そして人と環境との交互関係に働きかけ、クライエントの生活上の問題を解決するのです。

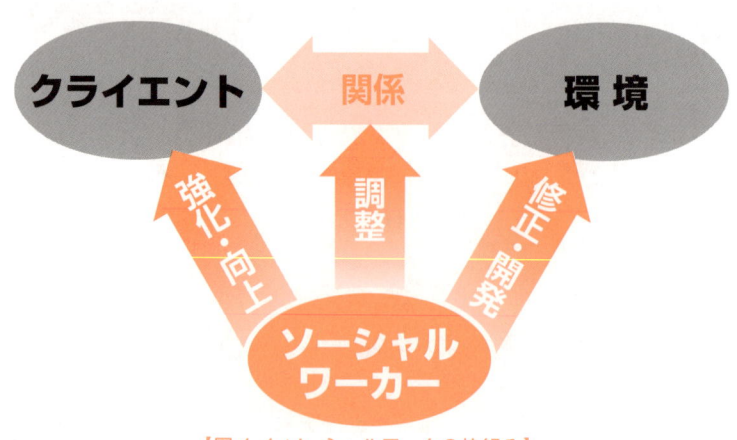

【図1-1 ソーシャルワークの枠組み】

❹ ソーシャルワークの構成要素

　ソーシャルワークを構成する要素として、①ソーシャルワーカー、②クライエント、③ニーズ、④社会資源の4つが挙げられます。ソーシャルワーカーは、クライエントが抱えるニーズに対して、社会資源を用いて介入します。この4つの要素を詳しく確認しましょう。

① ソーシャルワーカー（援助者）

　ソーシャルワークの担い手を、ソーシャルワーカーと呼びます。最近では、社会福祉士や精神保健福祉士のような社会福祉学を基盤とした専門教育を受け、ソーシャルワークの価値・知識・技術を身につけてソーシャルワーク実践を行う相談援助の専門職者をソーシャルワーカーと呼ぶことが多くなりました。しかし、社会福祉士や精神保健福祉士は名称独占であり、業務独占ではありません。つまり、資格を持たない者もソーシャルワーク実践を担えます。そのため、一般的には、ソーシャルワーク実践を担う者をソーシャルワーカーと呼びます。ソーシャルワーカーというと遠い存在に感じるかもしれませんが、端的に表すと、「援助者」です。児童館や児童クラブで働く職員は、子どもや保護者の援助者、つまりソーシャルワーカーです。子どもや保護者が抱えるニーズを引き出し、子どもや保護者の希望や意向を尊重しながらニーズを解決できるよう様々な社会資源を活用して援助する役割を担っているのです。

② クライエント（利用者・対象者）

　ソーシャルワークの対象者を、クライエントと呼びます。クライエントは、単に個人を指すのではなく、個人や家族、集団、地域社会など、その単位は様々です。ソーシャルワーク実践では、個人（あるいは家族）を対象としたソーシャルワーク、集団を活用したソーシャルワーク、地域を基盤としたソーシャルワークの3つの段階に分けて説明されます。

児童館や児童クラブでは、子どもやその保護者という個人あるいはその家族、子どもたちや子育てサロンなどのグループ（集団）、児童館や児童クラブがある地域単位がクライエントにあたります。

以前は、クライエントに「やってあげる」という考え方の援助が行われていました。しかし、現在は対等な立場で「一緒に解決する」という考え方が強くなっています。クライエントと関わる際は、上から目線ではなく、対等な立場で"一緒に"問題の解決を目指すことが大切です。

③ ニーズ

ニーズとは、クライエントにとって幸福や自己実現の妨げとなる解決すべき生活課題全般を指します。子どもや保護者が抱えるニーズは、例えば児童クラブの利用料が払えないなどの経済的なことや、子どもの発達や勉強の遅れの心配、保護者同士の関係性の不安などの心理的なこと、保護者自身の体調や子どもの障害・病気などの身体的なことなど、様々な生活上の困りごとを指します。児童館や児童クラブの職員は、クライエントが抱えるニーズを解決できるよう、クライエントと一緒に考えるのです。

④ 社会資源

社会資源とは、クライエントのニーズを充足し、問題を解決するための施設・機関、資金、物資、あるいは個人や集団、それらが持つ知識や技能など社会にある資源全般を指します。例えば、教育委員会や児童相談所、警察などの公的な資源や、各種事業所が提供する家事援助や保育などの非営利な資源、家族、友人、近隣住民、職場の同僚など、インフォーマルな資源などです。孤立した子育て家庭は、就職や結婚・出産を機に引っ越し、両親やきょうだい、友人が近くにいないなど社会資源が少ない傾向があります。新たな社会資源を創り出したり、うまく活用する（つなげる）ことがクライエントの生活の質や自己実現に大きな影響を与えるため、大切な構成要素と言えます。

2 集団を活用したソーシャルワーク

① 集団を活用したソーシャルワークとは何か

　集団を活用したソーシャルワークを、「グループワーク」（正式には、ソーシャル・グループワーク）と言います。集団援助活動を展開する際は、グループワークの活用が求められます。

　児童館ガイドラインでは、児童館の目的として遊びや生活の援助、地域の子育て支援、子どもの健やかな育成が示されています。また、児童館の役割として遊びや生活を通した子どもの発達の増進が示されています。放課後児童クラブ運営指針では、児童クラブの役割として子どもに適切な遊びや生活の場を与え、子どもの状況や発達段階を踏まえて、健全な育成を図ることが示されています。小学校就学前までに、一人遊びから協同遊びへと遊び方が変化するとともに、仲間関係を学びます。小学校以降になると、遊び方は更に変化するとともに、仲間関係や集団形成のあり方も変化していきます。この小学校以降の時期は、子どもたちが集団遊びを通じて社会性や協同性が発達されるとともに、社会適応や人間関係を形成・調整するために重要な意味を持ちます。つまり、集団を形成し、そこから子どもたちの様々な発達を促進できるグループワークは、児童館や児童クラブ活動において最も中心的な援助方法であると言えるでしょう。ここでは、グループワークの原則、展開過程を確認していきます。

② グループワークの原則

　グループワークは、主にジゼラ・コノプカによる14の実践原則が用いられています。ここでは、特に重要な8つを取り上げて説明します。

① 個別化の原則

　個別化は、グループとしての個別化とグループ内の個人としての個別化があります。子育ての自助グループや子どもたちの勉強グループなど様々な目的を持ったグループがある中で、各グループにはそれぞれの目標や特徴があることを認識します。また、各グループメンバーの各個人も、それぞれ個別の大切な存在であることを認識します。

② メンバーの受容の原則

　グループの各メンバーが持つ感情や状況、特徴を理解し、あるがままに受け入れます。

③ 関係性構築と促進の原則

　援助者とメンバーとの間に関係性を構築したり、メンバー同士が協力関係を築けるよう促すことです。

④ 参加の原則

　グループワークは、参加をすることが前提です。参加したくないという状況にならないよう、メンバーの能力に応じた活動を考えます。また、メンバーを励まし、メンバー同士の交流を促しながら、問題解決の過程に参加できるようにします。

⑤ 葛藤解決の原則

　人と人が関わる際、様々な場面において対立が起こりえます。対立が起きた場合、グループは葛藤場面に直面します。援助者は、メンバー自身やグループ内の葛藤に対して、メンバーがその葛藤に対する解決方法を見出せるように援助します。

⑥ 経験の原則

　グループで活動し、メンバーと関わり合い、ともに目標達成をすることやその過程において、多くの経験を得ることができるよう促します。

⑦ 制限の原則

メンバー自身あるいは他のメンバーに危害を加えたり、グループメンバーの関係性を壊すような行動がないよう、一定の制限を設けます。

⑧ プログラムの活用と継続的評価の原則

グループや各メンバーにとってふさわしいプログラムを意図的に計画して活用します。また、その計画の過程を継続的に評価することで、修正を図りながらグループワークを進めます。

❸ グループワークの展開過程

子どもやその保護者などに対して、どのようにグループを形成していくのでしょうか。援助の展開過程を、図 1-2 に示しました。この展開過程は、グループを形成するための準備段階から形成後までの時間的な流れを示しています。以下、展開過程を確認します。

① 準備期

準備期とは、グループでの取り組みを始める前の準備段階です。グループメンバー全員が集まる前の準備期間であり、グループ作りのためにメンバーと予備接触をする場合もあります。グループワーカーは、計画を立てたり、グループワークを進めるための環境を整えたり、波長合わせ（メンバーの思いや感情の理解）を行う役割を担います。

② 開始期

開始期とは、メンバー全員が集まり、グループとして動き始めるまでの段階です。メンバー同士が信頼関係を構築しながら、個人やグループの成長と目標達成を目指します。グループワーカーは、グループメンバー同士がつながるよう関わりの機会を設けたり、目標達成に向けた合意（契約）を得て、グループが動き始められるよう働きかけます。

③ 作業期

　作業期とは、メンバーが自分たちの課題に協力して取り組み、目標達成に向かう段階です。メンバーと一緒に活動する中で、メンバー同士の役割分担ができたり、グループ自体が成長していく時期です。グループワーカーは、本格的にグループ作りに着手します。メンバー同士がお互いを尊重して受容することで、支え合える関係を構築したり、その関係性を活用して問題解決に向かえるよう促しながら側面的に援助します。

④ 終結・移行期

　終結・移行期とは、グループが終結してメンバーが次の段階に移行できるよう援助する段階です。グループワーカーは、終結に向けた準備や目標達成に関する評価、メンバー同士の感情の分かち合い、次の段階への移行がスムーズに行くよう促します。

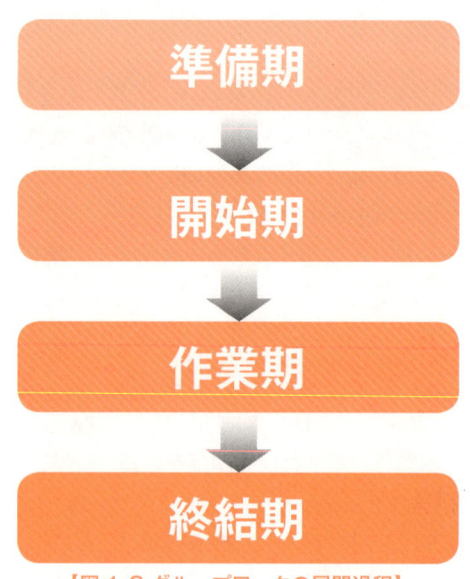

準備期
↓
開始期
↓
作業期
↓
終結期

【図 1-2 グループワークの展開過程】

❹ 集団を活用したソーシャルワークの事例

　第一児童クラブは、児童館の中で児童クラブを運営しています。第一児童クラブでは、家に帰ってから親子のコミュニケーション時間を多く持ってもらうために、児童クラブに帰った後すぐに宿題をやる時間を設けています。

　小学校3年生のよしお君は、学校から児童クラブに一番に来るなり、すぐにゴムボールを持って児童館内の遊戯室に行きたがります。職員のすずきさんが、「よしお君、宿題は?」と聞くと、「今日は宿題出てないから!」と言って遊戯室に行ってしまいます。その後、同じ学年の子どもたちが児童クラブに帰ってきた際、宿題が出ていないのか聞いてみると、本当は宿題が出ている日が多くあります。また、同じ学年の子どもたちから、よしお君は学校の宿題をやってこない日があり、学校の担任の先生に叱られる日もあると言います。児童クラブの職員たちが「宿題をやってから遊ぶこと!」と言っても、遊びを優先してしまい、なかなか宿題をやろうとしません。すずきさんは、遊びを優先してしまうよしお君のことが気になり、どのようにすればよしお君が宿題をやるようになるのか考え始めました。

　そこで、これまでは個別に進めていた宿題の時間は、異年齢の勉強グループをつくり、子どもたち同士で学び合う関係を築くことを職員会議で提案し、承諾を得ました。また、児童クラブのお便りに勉強グループをはじめることを記載し、保護者へ周知をしました。次に、よしお君を取り巻く友達関係や宿題をする様子をよく観察することにしました。すると、異年齢の子どもたちで遊んでいる際、よしお君の1つ上の学年であるたけし君とつよし君が言うことには、素直に従っている姿が見受けられました。また、下の学年の子ども達に対して、

ケンカの仲裁をしたり、転んで怪我をした子がいた際に職員を呼びに来たり、手当てをしたりと、面倒見の良い面が見られました。宿題を行う時間においては、普段は勉強をする気がなく、ふてくされているよしお君ですが、まわりの友達がさっさと宿題をやって遊びに出ていく姿を見て、急いで宿題をやろうとするものの、問題が解けなくてイライラしたり、途中で宿題を放棄してしまう姿が見られました。また、勉強が苦手な子は、実はよしお君だけではなく、いつも同じメンバーが最後の方まで残って宿題をやっていることも分かってきました。

そこで職員は、まず、いつも宿題をすぐに終わらせていて、面倒見の良い何人かの子どもたちに、今後グループで勉強をしていくため、勉強が苦手な子がいたら教えてあげてほしいと頼み、承諾してもらいました。その場にはたけし君とつよし君も呼び、よしお君の勉強を見てあげてほしいということを伝えたところ、「しょがーないなー。あいつの面倒見てやるかー。任せて!」と言って承諾してくれました。

そして翌週、すずきさんは、子どもたちに宿題を行うための勉強グループを作って勉強をすることを伝えました。各グループ4人のグループを作り、宿題を進めます。その際、各グループの約束事を決めることを伝えました。よしお君のグループは、4年生のたけし君とつよし君、3年生のよしお君、2年生のけんた君です。約束事は、「宿題をやってから全力で遊ぶ」として、職員に報告しました。

翌日から、学校から帰ってくると、まずは勉強グループで宿題をやることになりました。勉強時間が始まると、すずきさんは、各グループを観察し、必要に応じて各グループや個別に励ましたり、応援したり声をかけました。また、各グループでどうしてもわからない問題があると、ヒントや教科書の記載場所などを提示し、グループで解決できるよう促しました。さらに、うまくいかないグループに対しては、約束事を再確認したり、あるいは立て直すことを提案して、グループの

成熟を促しました。

　最初はしぶしぶ勉強をしていたよしお君でしたが、友達みんなが宿題をしている姿を見たり、わからないところがあると教えてくれるたけし君やつよし君の存在のおかげで、少しずつ遊びを優先することはなくなってきました。また、少しずつ勉強ができるようになってきたため、同じグループで1つ下の学年のけんた君に対して、わからないところがあると教える様子も見られるようになってきました。

　今では、ちゃんと宿題を終わらせてから遊ぶようになりました。また、同じグループのけんた君に対して勉強を教える姿が増え、児童クラブ以外の時間でも、4人で仲良く遊ぶ姿が見られるようになりました。よしお君と同学年の子どもたちに聞いたところ、宿題忘れもなくなったそうです。

　翌月から、新年度です。いまのグループは年度いっぱいで解散します。勉強グループは保護者からも好評だったため、新年度から勉強グループを再編成して進めることとなりました。

❺ 演習問題

1

この事例において、どのようなグループワークの原則を用いていたのでしょうか。グループワークの原則に基づいて考えてみましょう。

2

この事例において、どの時期が準備期、開始期、作業期、終結・移行期になるのでしょうか。グループワークの展開過程に基づいて考えてみましょう。

❻ 解説とまとめ

　この事例は、やらなければならない宿題より遊びを優先してしまう子どもに対して、グループの力を用いて良い方向へと進むきっかけを作った1つの事例です。

　児童クラブの役割は、子どもの最善の利益を考慮し、適切な遊びや生活の場を与えるとともに、子どもの発達に応じた健全育成を図ること、つまり育成支援が求められています。その育成支援とは、子どもが安心して過ごせる生活環境を整えるとともに、主体的な遊びや生活が可能となるよう、自主性や社会性、創造性の向上や基本的な生活習慣の確立を目指すことです。そのために、放課後児童支援員（以下、支援員とします）は、保護者や関係機関と連携しながら、子どもにとって適切な養育環境が得られるよう援助する役割を担っています。

　放課後児童クラブ運営指針の育成支援の配慮事項にもあるように、8～9歳頃の子どもは、時間などを忘れて遊びに夢中になることや、同年代の仲間との関わりを好み、大人に頼らず活動しようとすることが特徴として挙げられます。また、他の子どもの視線や評価に敏感になる時期です。支援員は、このような子どもの発達的特性を考慮して関わりを持つことが求められます。

　今回の事例では、子どもの発達的特性を考慮して、仲間関係を通じた交互作用をねらいとしていました。大人が言っても聞かないけれど、お兄ちゃん、お姉ちゃん的存在の子どもが言うと、素直に聞くということを見かけたことがあるのではないでしょうか。この頃の子どもたちは、仲間関係に敏感です。その仲間関係をグループワークを活用して、悪い方向ではなく、良い方向へと導けるよう側面的に援助することが、支援員の役割なのです。

　今回の事例では、グループワークを進めるために、準備期の段階でクライエントであるよしお君を取り巻く環境の観察を行っています。

そこでは、お兄ちゃん的存在であるたけし君とつよし君の存在を重要な社会資源として評価しています。そして、波長合わせとしてたけしくんとつよし君に声をかけ、よしお君との調整を図っています。その際、勉強グループと言っても嫌々参加するのでは意味がありません。参加の原則に基づき、どのようなグループ編成をすれば、相互作用が生まれるのかを想定しながらグループ編成を考えることが必要です。そのためには、普段からの子どもたちの観察が欠かせないでしょう。

　また、勉強が苦手な子はよしお君だけではなく、他の勉強が苦手な子も見出して社会資源とつなげるなど、個人だけではなく全体を調整しようとしていることがわかります。もちろん、全てのグループがうまくいくわけではありません。時には喧嘩が起きたり、葛藤場面に遭遇することがあります。その際は、葛藤解決の原則に基づき、支援員が介入して、問題解決を図ります。基本的には、支援員は側面的な援助をするため、中心にはなりません。開始期では支援員の介入が多くても、作業期、終結・移行期になるにつれて、段々とグループメンバーが主体的に行動できるようであれば、支援員は介入しません。子どもたちの持つ力を信じ、様々な経験を通して、交互作用による成長を促すのです。

　このように、グループワークを活用することで、個人だけではなくグループ全体が変わるきっかけをつくることができます。ここには挙げていませんが、グループだけではなく、学校や家庭などと連係をしながら進めていくことが求められているでしょう。

コラム
児童館ガイドラインとソーシャルワーク

　平成30年10月1日に、児童館ガイドラインが改正されました。平成23年3月11日に「児童館の運営や活動が地域の期待に応じるための基本的事項を示し、望ましい方向を目指すもの」として発出されたガイドラインでしたが、7年を経て、新たなものになりました。

　7年間の間に、子ども・子育てに関する課題は、残念なことに、深刻化しているものもあります。児童虐待、いじめ、孤立した子育て等…あるいは、子どもの貧困がクローズアップされるなど、社会の変化を感じます。これら今日的な課題への対応が児童館の普遍的機能になりつつあります。

　また、平成28年に児童福祉法が改正され、「児童の権利に関する条約」の精神にのっとり、子どもの最善の利益を追求する福祉の姿が明文化されました。子どもあるいは、子育て家庭にとって身近で、気軽に訪れることのできる相談窓口としての児童館が期待されています。そのためにも、児童厚生員のソーシャルワーク力の更なる向上が必要とされているのです。

　児童館ガイドラインでは、活動内容や児童厚生員の職務内容で、配慮を要する児童・家庭への対応をはじめとして、多岐にわたり、ソーシャルワークの展開を期待し、記しています。このテキストと合わせて、児童館ガイドラインをご覧になることをお勧めします。

児童館ガイドライン（厚生労働省ホームページ）
https://www.mhlw.go.jp/stf/houdou/0000212051_00003.html

3 個人を対象としたソーシャルワーク

❶ 個人を対象としたソーシャルワークとは

　個人を対象としたソーシャルワークを、「ケースワーク」(正式には、ソーシャル・ケースワーク)と言います。ここでいう個人とは、個人の家族を含みます。個別援助活動を展開する際は、ケースワークの活用が求められます。ケースワークは、ソーシャルワークの方法として最初に体系化されました。このケースワークは、ソーシャルワーク実践の基本的方法と言えます。

　児童館や児童クラブの職員は、児童館や児童クラブを利用する子どもやその保護者一人ひとりが抱えるニーズに寄り添い、社会資源を活用しながら解決を図るような援助が求められます。ここでは、ケースワークの原則、展開過程を確認します。

❷ ケースワークの原則

　援助の第一歩は、相手と信頼関係を築くことです。信頼関係がなければ、相手が本当に困っていることを話してくれないこともあるでしょうし、適切な援助を展開していくことが難しくなります。そのため、援助者は児童館や児童クラブを利用する子どもやその保護者と信頼関係を構築する必要があります。では、子どもや保護者と信頼関係を構築していく上で、どのような態度で関わることが望まれるのでしょうか。ケースワークは、「バイスティックの7原則」と呼ばれる実践原則に基づき、クライエントと関わります。

① 個別化の原則

　クライエントが抱えるニーズを他者が抱える同様のニーズと一緒にせず、その人特有の問題としてその個別性を尊重します。

② 意図的な感情表現の原則

クライエントが様々な感情を自由に表現できるよう促します。

③ 統制された情緒的関与の原則

援助者自身の個人的な感情は持ち込まず、クライエントの自由な感情表現に適切に対応します。

④ 受容の原則

クライエントの感情や状況を理解し、あるがままに受け入れます。

⑤ 非審判的態度の原則

個人的あるいは社会的な価値観により、クライエントを批判・非難したり、善悪の評価はしません。

⑥ 自己決定の原則

クライエントにとって十分な情報を提供し、また、それらを理解できるように支援した上で、自らの意志で選択することを促し、決めたことを尊重します。

⑦ 秘密保持の原則

クライエントに関する情報は、誰にも漏らしてはいけません。また、面接等で知りえた情報や秘密を守ることは、クライエントに伝えます。

❸ ケースワークの展開過程

　子どもやその保護者から相談があった際は、どのように問題を解決していくのでしょうか。援助の展開過程を、図1-3に示しました。この展開過程は、問題を発見してから解決するまでの時間的な流れを示しています。以下、展開過程を確認します。

① ケースの発見

　人と環境の相互関係がうまくいっていない場合、援助が必要な課題（ケース）が存在します。その課題は、子どもや保護者が相談に来る場合もありますし、児童館や児童クラブで働いている最中に気づくこともあります。例えば、子ども自身から、仲間はずれにされているという相談や何気ない会話の中から勉強がつまらないためやりたくないという話を受けることがあるかもしれません。保護者から、子どもの生活のことで相談を受けるかもしれません。また、子どもたちが遊ぶ姿を見て、あの子は仲間外れにされていないかと気づく場面もあるかもしれません。児童館や児童クラブで働く中で、些細なことでも"気になること"がないか気を配らせることで、問題が大きくならないうちにケースを発見して対応していくことが望まれます。

② インテーク（受理面接）

　ケースが発見されたら、面接（話し合い）を通してケースを受理します。このことを、インテークあるいは受理面接と言います。この段階では、援助者とクライエントが会い、主訴を聞き、状況を把握します。そして、クライエントから問題解決に向かって援助者と協働していくのか意思確認を行います。クライエントの意思確認ができた場合は、援助を展開していきます。但し、児童館や児童クラブにおいて対応しきれないケースもあります。そのため、児童館や児童クラブではどのような援助ができるのか、出来ることと出来ないことを明確に伝えた上で同意を得る必要があります。児童館や児童クラブにて対応しきれないことについては、他機関につなぐなどの対応が求められます。

③ アセスメント（ニーズ把握・確定）

　アセスメントは、面接や観察などから情報を収集し、解決すべきニーズを把握しつつ、クライエントが持つ社会資源を把握し、援助実施前の状態を評価することです。このアセスメントは、ケースワークの過程の中で最も重要な部分です。それは、アセスメントがうまくいかない場合、本当に必要としていることに気付かずクライエントを傷つけて

しまったり、必要以上の援助を行うことで依存的な関係になってしまったりと、ソーシャルワークの目的から反れてしまう可能性があるためです。そのため、アセスメントは援助を開始した後においても、様々な発見や気づき、情報を得ることをケースワークの実施過程の中で繰り返し行い、援助計画や目標の見直しにつなげることが必要です。

④ プランニング（援助計画）

プランニングは、アセスメント結果に基づき、援助計画を立てることです。つまり、ニーズを解決するための具体的な目標とその内容を定めた計画を作成する段階です。その際、クライエントの希望が尊重され、目標達成可能な計画が求められます。

⑤ インターベンション（援助の実施）

計画が策定されてクライエントから同意が得られたら、援助を実施します。ここでは、ニーズを解決するために様々な社会資源を活用しながら、人と環境、そして人と環境の相互関係に働きかけます。

⑥ モニタリング（中間評価）

援助を実施しながら、モニタリングを行います。モニタリングとは、援助活動を経過観察しつつ、その効果を把握することです。

⑦ エバリュエーション（事後評価）

モニタリングで把握された状況を評価します。モニタリングの結果、援助がうまくいっている場合は終結に向かいますが、うまくいっていない場合は、プランニングの目標や内容を再確認したり、再度アセスメントを行いながら見直しを図る段階です。

⑧ 終結

援助がうまくいき、クライエントのニーズが解決された場合は、終結に向かいます。この終結は、援助の開始時にどこまで達成できれば終結となるのか、その目標を定めておく必要があります。そ

して、援助が終結しても、クライエントによってはこのまま終わって大丈夫なのかと不安を持つ方もいます。そのため、援助の終結後も状況の変化や新たなニーズが生じた場合はアフターケアが可能であることを伝えます。

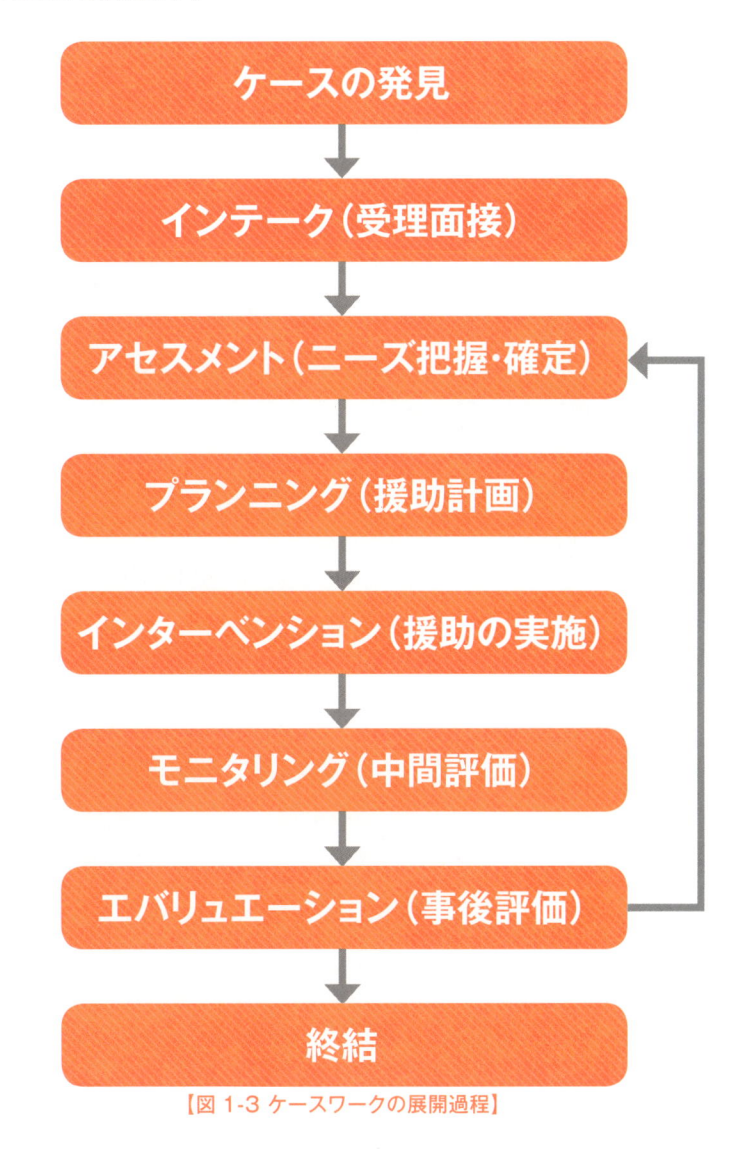

```
ケースの発見
    ↓
インテーク（受理面接）
    ↓
アセスメント（ニーズ把握・確定） ←─┐
    ↓                              │
プランニング（援助計画）            │
    ↓                              │
インターベンション（援助の実施）    │
    ↓                              │
モニタリング（中間評価）            │
    ↓                              │
エバリュエーション（事後評価）──────┘
    ↓
終結
```

【図1-3 ケースワークの展開過程】

❹ 個人を対象としたソーシャルワークの事例と演習問題

　第二児童館では、児童クラブや母親学級、子育て広場、子育て相談など、様々な行事を行っています。毎週水曜日は子育て相談の日です。児童厚生員のたなかさんは、子育て相談の時間帯に窓口で待機していると、一人の女性が赤ちゃんと一緒に来館しました。女性の名前はみかさん。26歳。子どもは生後3か月の男の子1人でした。

「あの、子育てについて相談したくて来ました。以前、保健師さんが家にきて。新生児訪問って言ってました。その時にいただいたパンフレットで、子育て相談をここでやっているって書いてあったので来てみました。ここで相談を受けてもらえますか？」
【みかさん】

　児童厚生員のたなかさんは、みかさんと個別に話ができる相談室に通しました。

「・・・、あのー。なんか、最近子育てに疲れている気がして。子どもを産んだばかりの時は、すごく嬉しくて、毎日子どもと一緒にいたいって思っていたのですが・・・。最近はちょっと息抜きする時間もほしいなって思うようになってしまって・・・。でも、誰かに子どもを見ててもらえる状況じゃないので・・・、ちょっと辛いなって・・・。実は、結婚を機に、この街に引っ越してきたのです。実家は車で3時間くらいなので行けない距離ではないのですが、両親はまだ働いていますし・・・。来てもらって子どもを見ていてもらうとか、気軽に頼れる状況じゃないなって思います。
【みかさん】

1

たなかさんは、この面接の時、どのような態度でみかさんに関わることが望まれるでしょうか。バイスティックの原則に基づいて考えてみましょう。

2

上記のようにクライエントから相談されたとき、アセスメントを行う前に、どのような手続きをする必要があるか考えてみましょう。

　たなかさんは確認後、みかさんから話を伺いました。みかさんの話では、はじめて子どもが生まれて、子どもを育てるのに一生懸命であることが伝わってきました。しかし、旦那さんは仕事が忙しく、平日は夜遅く帰宅することが多いそうです。また、土日も仕事が入る日があるとのことでした。休みの日は、やれることは積極的にやってくれるそうですが、家族のためにくたくたになるまで働いてきた旦那を休ませてあげたい気持ちもあり、なかなか家事・育児を頼めないそうです。また、結婚を機に引っ越してきたため、友人もいなく、親もすぐに来てもらえる距離ではないとのことでした。時々、友人や母親と電話連絡をするそうですが、現在は母乳育児で頑張っており、何度も母乳をほしがり泣くため、なかなか長電話はできないとのことでした。これまで、育児書を見て試行錯誤しながら子育てをしているようでした。

3

このようなアセスメント結果から、みかさんのニーズはどのような内容なのかを挙げてみましょう。

4

ニーズに対して、どのような援助計画を立てればよいでしょうか。ニーズを解決するための目標を立ててみましょう。

❺ 解説とまとめ

　この事例は、育児負担感を抱え、子育てに孤立した親に対して、児童厚生員としてどのように援助を行っていくかという事例です。

　児童館の目的は、子どもの健全育成です。そのため、子どもの遊びや生活援助、子どもを育てる親への援助が求められます。今回の事例のように、児童館に相談に来る親は、大小問わず、育児や家庭生活などへの不安や負担、不満などを抱えています。中には、切羽詰まった表情で来館する方もいるでしょう。そのような親に対して、児童厚生員は援助者として、クライエントである親に適切に対応することが求められます。そこで参考になるのは、バイスティックの原則です。バイスティックの原則に基づき、具体的に確認してみましょう。

　今回のような育児負担感を抱える親に対しては、まずは受容することが最も大切です（受容の原則）。それは、親の中には、この程度の話で相談していいのか、この程度のことで来たのかと面倒だと思われるのではないかというような不安を抱えている方も少なくないためです。そのため、親のあるがままの姿や感情を受け止めることが大切です。

　受容する際は、援助者自身の個人的な感情は持ち込まず（統制された情緒的関与の原則）、親が自分の気持ちを自由に話せるように促します（意図的な感情表現の原則）。その際、相談内容は他の人に漏らさないことを伝え、安心して話ができる環境づくりをします（秘密保持の原則）。親の自由な感情表出により出される相談内容は、自身にとっては大した悩みではないと思ってしまうことがあるかもしれません。しかし、親にとって悩みは様々です。その1つ1つの親の悩みを受け入れ個別に尊重すること（個別化の原則）、そしてその相談内容に対する善悪の判断はしません（非審判的態度の原則）。時には、援助者からみると、クライエントにとって望ましい結果にならないと予測される方向性を示されることがあるかもしれません。それ

は、クライエント自身も望ましくないと思っていながらも、そうせざるを得ない状況も考えられます。そのような場合においても、援助者の判断で解決の方向性を決めるのではなく、親自身が自身の力で解決できるよう促し、親自身が解決に向けて決めたことを尊重すること（自己決定の原則）が大切です。

　以上のような原則は、ケースワークの全展開過程において必要となります。さらに言えば、人と関わり援助をしていく上で、最も基本となる原則と言えるでしょう。それは、ケースワークは援助者とクライエントとの信頼関係（ラポール）を基盤に進められるものであるためです。援助者は、クライエントが自身のニーズを解決できるよう、クライエントに働きかけたり、環境に働きかけたり、クライエントと環境の交互関係を調整します。それらを行う上で、援助者とクライエントの関係が良好でなければ、良い援助は不可能であると言えるでしょう。

　このような信頼関係の構築は、特にインテーク場面において重要です。インテーク時に印象が悪ければ、相談に来なくなってしまったり、クライエント自身が言いたいことが言えなくなるなど、今後の援助に大きな支障が出ます。そのため、インテーク場面は第一印象が大事になります。同時に、インテーク場面では、意思確認を行います。援助者は相談内容に対して、本当にその相談内容はここで援助できるのかを客観的に判断しなければなりません。例えば、明らかにうつのような状態の親が、子どもを頻繁に殴ってしまうためどうにか殴らないようにしたい、というような相談があった場合、それは明らかに児童館で対応できる範囲を超えています。前述した通り、児童館や児童クラブの職員は、相談援助を専門とするソーシャルワーカーではありません。様々なケースに対応しようという姿勢は非常に大切ですが、対応できないケースを受け持った場合、援助者自身がいっぱいいっぱいになってしまい他の業務に支障が出たり、クライエントを期待させて裏切るような形にもなりかねません。そのため、ここで

できることとできないことを説明し、クライエントの納得の上で援助を進めることが必要です。もし、対応できない場合は、クライエントと相談しながら、他機関につなぐことが求められます。

　インテーク場面では上述の内容を確認の上で、援助を進めます。そして次に重要となるのは、アセスメントです。クライエントとの会話や様子、クライエントを取り巻く環境など、様々なところから情報を集め、整理し、クライエントの置かれている状況を客観的に評価します。今回のアセスメントの結果、みかさんの一番のニーズは、育児の孤立と育児負担の軽減であると捉えられました。そのため、みかさんとニーズ解決に向けて話し合い、みかさんの希望を聞いて調整した結果、①育児の孤立を改善するためにママ友をつくること、②息抜きができるような環境を整えること、という目標を確認しました。そして、援助者は、児童館で開催している子育て広場への参加を促し、子育て広場の職員と連携して、ママ友が作れるようグループワークなどを用いて働きかけました。また、ママ友同士のお茶会や美容室に行く時間など、ちょっとした時に子どもを見ていてもらえるよう、ファミリー・サポートを紹介するなど、楽しく子育てができるよう社会資源を調整してつなげました。このような介入の結果、現在では息抜きをしながらママ友と楽しく育児をできているとのことです。

　最後に、大切なことはクライエントのウェルビーイングを促進することです。クライエント自身が元気や力を取り戻し（エンパワメント）、自分のなりたい姿を目指せるよう（自己実現）、援助者は側面的にすることが大切です。

コラム
児童館・児童クラブの実践事例の紹介

　児童館・児童クラブでのソーシャルワーク実践は多く報告されています。インターネットや書籍で見ることができますので、各地の実践から学びましょう。

○児童健全育成賞（數納賞）
　児童健全育成に関する優れた実践報告に対し褒章を行うものです。この賞は、朝日生命厚生事業団により昭和51年から毎年実施されてきたものです。当該事業団の解散に伴い、第29回（平成16年度）より、児童健全育成推進財団が事業を継承しました。
　過去の受賞作品は、ホームページ（https://www.jidoukan.or.jp/project/commendation/kazunou/）からご覧頂けます。また、日本児童学会発行『児童研究』に収録されており、大学図書館・公立図書館に収蔵されています。

○児童館・児童クラブの情報サイト「コドモネクスト」
児童館、児童クラブの実践レポートや海外の事例を紹介しています。
http://www.kodomo-next.jp/

4 地域を基盤にした ソーシャルワーク

❶ 地域を基盤にしたソーシャルワークとは

　地域を基盤にしたソーシャルワークを、「コミュニティワーク」（正式には、コミュニティ・ソーシャルワーク）と言います。地域援助活動を展開する際は、コミュニティワークの活用が求められます。

　児童館ガイドラインでは、児童館の理念に保護者をはじめとする地域の人々と共に子どもの育成に努めることが示されています。また、児童館の機能や役割として、問題の発生予防のための機関連携や地域子育て支援、地域組織活動の育成が示されています。放課後児童クラブ運営指針においても、放課後児童健全育成事業の役割として学校や地域の様々な社会資源との連携が示されていたり、育成支援の基本として関係機関との連携が示されています。これらから、児童館や児童クラブにおける活動のキーワードは、「地域」であると言えるでしょう。児童館や児童クラブは、それぞれの地域に存在しています。そのため、地域住民や関係機関・団体等の理解を得ながら、時には参加してもらったり、協力を仰ぐなど、地域をベースとした援助活動が求められています。ここでは、コミュニティワークの原則や特徴、展開過程を確認します。

❷ コミュニティワークの原則

　コミュニティワークを展開する際に大事なことは、どのようにして地域の人々に児童館や児童クラブの活動に参加してもらったり、協力体制を構築していくかです。コミュニティワークは、地域に働きかけるために様々な実践原則が用いられています。ここでは、特に重要な5つの原則を取り上げて説明します。

❶ 個別化の原則

　個別化は、地域の個別化と地域住民個人としての個別化があります。

地域の特性を尊重するとともに、地域住民の主体性を尊重するということです。

② プロセス重視の原則

地域を支援する際、一連の展開過程（プロセス）を大切にします。地域支援を地域住民とともに進めることで、地域住民同士が協働し、組織化したり、主体的に問題解決に向かう力を身につけられるよう成長を促します。

③ 社会資源への関与の原則

地域の福祉的問題の解決に向けて、地域住民、各機関・施設、資金、制度などの様々な社会資源を調整することです。社会資源に関与するということは、単に関与するだけではなく、個々の社会資源を結合したり、組織化したり、場合によっては創り出します。その際、大事にすることは、あくまでも住民主体であり、地域住民の主体性や協働性など、地域住民が持つ力を大切にします。

④ 総合的把握の原則

援助を行う際、起きている問題を個別に捉えるのではなく、地域という環境の中で総合的に捉えるということです。個人や家族などに起こる問題は、その中だけで解決できない問題が多く存在します。そのため、地域にある社会資源と関連を持ちながら全体を理解することが求められます。

⑤ 住民主体の原則

地域の福祉的問題の解決に向けて、地域住民が主体的に取り組めるよう側面的に援助することです。地域の福祉的問題は、地域に住む住民の問題でもあります。そのため、地域住民が地域の福祉的問題を解決できるよう、その主体性を尊重することが大切です。この原則は、コミュニティワークの原則の中で核となる原則と言えます。

❸ コミュニティワークの展開過程

　子どもやその保護者など生活上の困りごとを抱える人々に対して、地域住民が主体となって問題解決に取り組めるような地域づくりを行う援助の展開過程を、図1-4に示しました。この展開過程は、地域で問題を発見してから解決するまでの時間的な流れを示しています。以下、展開過程を確認します。

① ニーズの発見・アセスメント

　ニーズの発見・アセスメントは、これまで確認してきたケースワークと同様に、問題を発見し、その問題をアセスメントする段階です。但し、コミュニティワークの場合は、個別支援と地域支援の両方をとらえる必要があります。一般的には、コミュニティワークのアセスメントを、地域アセスメントと言います。この地域アセスメントは、援助を展開する上での基本であり、重要な過程です。なお、問題に関連する住民を活動に組み入れるなど、事前に活動主体の組織化をはかることも、コミュニティワーカーの大切な役割です。

　個別支援では、ケースワークと同様に個人をアセスメントし、アセスメントした情報の中から、活用可能な社会資源を探したり、地域に不足する社会資源は創り出したりします。また、地域支援では、地域の特性や強み、良さなどを把握したり、地域に存在する機関・施設、各サービス、住民組織、産業など地域の状況を把握し、評価します。このような地域アセスメントの中で、地域の潜在的なニーズも把握することがあります。個別支援を行うはずが、地域アセスメントを行う中で、地域に同様の問題を抱える人を発見した場合、対象を広げ同時に援助するということもあります。このように、個人と地域には相互関連があるため、個別支援から地域支援へ、その広がりを持たせながら普遍化を目指します。そのため、個人と地域の関係性を探ることが必要です。この地域アセスメントの範囲は、小学校区域程度の、人と人との関係が見えやすく、支え合いがしやすい小地域圏域が望ましいでしょう。

❷ 援助計画の策定（プランニング）

アセスメント後は、計画を策定します。この援助の策定段階においても、個別の援助計画を策定すると同時に、どのように地域にアプローチしていくのかを計画します。

❸ 援助の実施

援助計画策定後は、実際に援助を実施します。ケースワークと同様に、個別の援助を実施します。同時に、個別支援を活用しながら、社会資源の開発や活用、組織化、住民参加の促進など、地域に対してもアプローチします。地域への働きかけを行うことで地域環境が改善し、個別の問題の解決にもつながります。さらに、今後同様の問題を抱える人がいた場合でも、すでに地域が変わっていますので、問題の予防にもなるのです。地域にある課題の解決につながる点が、コミュニティワークの特徴と言えます。

❹ モニタリングと評価

個別支援のモニタリングは、ケースワークと同様ですが、コミュニティワークの特徴として、地域のモニタリングも行います。個別支援の効果はどのように地域に波及されているのか、また、地域支援が個別支援にどう還元されているのか、その交互関係性も含めて評価を行うことが必要です。

```
ニーズの発見・アセスメント
        ↓
援助計画の策定（プランニング）
        ↓
    援助の実施
        ↓
  モニタリングと評価
```

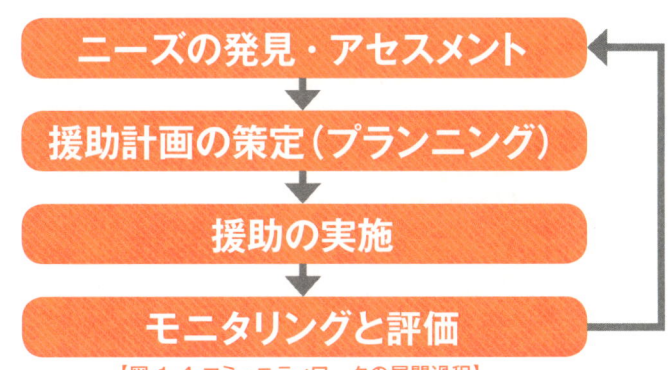

【図 1-4 コミュニティワークの展開過程】

❹ 地域を基盤にしたソーシャルワークの事例

　第三児童館は、児童館の中で児童クラブを運営しています。第三児童館がある地域は、共働き家庭が多く、児童館利用者のほとんどは児童クラブの登録家庭の子どもたちです。また、新しいアパートや新興住宅地ができたため、人口の流入出があります。

　小学1年生になったばかりのまこちゃん（女の子）は、児童館は毎日利用しているものの、児童クラブは利用していない子でした。第三児童館は、児童クラブに登録している子どもたちには、学校から帰ってきたらおやつを食べられる部屋を設け、児童クラブの子どもたちのためにおやつを用意していました。まこちゃんは一番乗りで児童館に来館するなり、児童クラブの部屋に行き、勝手におやつを食べてしまうことが頻繁にありました。支援員のさとうさんが「これは児童クラブの子どもたちの分だから食べちゃダメなのよ。」と言っても、「ケチ！いいじゃんちょっとくらい！」と言って、同じことを繰り返す日々です。また、まこちゃんは同じ服を連日着ていたり、児童館で遊んでいる最中に服がどろんこに汚れても着替えないため、さとうさんは気になっていました。

　翌日、児童館に来館したまこちゃんは、目が腫れぼったく、落ち込んだ様子でした。そこでさとうさんは、まこちゃんに目が腫れぼったい理由を聞いてみることにしました。すると、まこちゃんから、「昨日、ママがお仕事から帰って来なくて・・・。」と言いました。さとうさんは心配になり、まこちゃんに家庭生活のことを聞いてみました。すると、両親は離婚し、母親に育てられていること、母親は仕事が忙しく、家に帰ってくるのが夜遅かったり、時には帰ってこない日もあることがわかりました。母親が不在の間は、母親が買っ

ておいてくれたお惣菜やご飯、菓子パンなどを食べたり、ご飯が用意されていない日は空腹に耐え、何も食べずに学校に行く日もあることがわかりました。そこでさとうさんは、まこちゃんの家庭のことを館長に報告し、職員会議にて、まこちゃんのために、いま何をしたらよいのかを考えていくことになりました。

　まず、まこちゃんの様子をよく観察することになりました。すると、落ち着きがなく、自分より体が小さい同学年の子に対して暴力的であったり、ちょっとしたことでカッとなるため友達とのトラブルが多く、うまく友だちと関われないために友だちの輪に加われていない様子が窺えました。また、さとうさんの同僚のやまだ さんに対しては、用がない時でも近づき抱っこを求めたり、突然そっけなくなったりしているとのことでした。帰りは一人で帰ることがほとんどであり、児童館から自宅まで20分程度、場所によっては街灯がない道を通って帰っていることもわかってきました。さらにまこちゃんから話を聞いたところ、まこちゃんの母親は学校や児童館を利用している親との交流はなく、地域にも知り合いがいないことがわかってきました。

　次に、学校での状況を知るために、学校の担任の先生に話を聞きました。すると、学校でも他の子どもの給食を食べてしまったり、注意をしても反抗的であることが多いことがわかりました。しかし、反抗的である一方、日によっては甘えてきたりと、感情の起伏が激しいこともわかってきました。

　状況を把握したさとうさんは、これまで得た情報を館長に報告し、職員会議にて、児童館全体でまこちゃんの生活を支えるために何をすべきか検討しました。

❺ 演習課題

> **1**
>
> この事例において、どのようなコミュニティワークの原則を用いていたのでしょうか。コミュニティワークの原則に基づいて考えてみましょう。
>
> **2**
>
> アセスメント結果から、まこちゃんを取り巻く家庭のニーズはどのような内容なのかを挙げてみましょう。
>
> **3**
>
> ニーズに対して、児童館ではどのようなことができるでしょうか。ニーズを解決するために児童館ができることを考慮した目標を立ててみましょう。

❻ 解説とまとめ

　この事例は、気になる子どもに対して、児童館や児童クラブが地域を基盤にして、どのように対応していくのかが求められる事例です。

　先に述べたように、児童館や児童クラブにおける活動のキーワードは、"地域"です。児童館ガイドラインでは、その機能や役割として、問題の発生予防・早期発見と対応のための機関連携や地域子育て支援、地域組織活動の育成が示されています。また、家庭・学校・地域との連携により、子どもや家庭をどのように見守っていくのかが必要になります。そのため、地域の健全育成の拠点としての役割が求められているのです。

　今回の事例では、まさにコミュニティワークの機能が必要となる事

例と言えます。児童館や児童クラブで働く中で、事例のまこちゃんのように、"ちょっと気になる子ども"に出会ったことがあるかもしれません。このようなケースは、児童虐待のうち、ネグレクト（育児放棄）が疑われるケースです。今回のネグレクトケースように、保護者の養育を援助することが特に必要と認められる児童（要支援児童）や保護者に監護されることが不適当であると認められる児童（要保護児童）を発見した際は、児童館ガイドラインに明記されているように、速やかに市町村等に連絡を行い、その後の対応について協議することが必要です。最近では、平成28年12月16日に厚生労働省雇用均等・児童家庭局より、「要支援児童等（特定妊婦を含む）の情報提供に係る保健・医療・福祉・教育の連携の一層の推進」に関する通知が発表されました（平成30年7月20日一部改正）。これによると、児童館や児童クラブの役割として、要支援児童や要保護児童、その保護者などを把握した場合は、必要な援助につなげるために、当該者の情報を現在地の市町村に提供するよう努めなければならないとしています。また、情報提供の際は、クライエントに対して、原則として市町村による援助を受けることが自身のためになる旨を伝えることや、市町村に情報提供する際は組織的に対応することが明記されています。なお、この場合は刑法の秘密漏示罪や守秘義務に関する法律の規定に抵触するものではありません。要支援児童かどうかの判断は、本通知の別表1〜3に具体的な項目がありますので、参考にしてみてください。

　以上のように、"気になる子ども"への対応が強化されつつあります。児童館や児童クラブは、このような件に市町村などと連係しながら対応していくことがますます求められるでしょう。

　但し、市町村等と連携した場合、市町村等に全てを任せるのではなく、連携しながら子どもとその家庭を見守ることが大切です。事例では、まこちゃんは毎日児童館に来ています。そのような状況から、まこちゃんにとって児童館は居心地の良い居場所であるように受け取

ることができます。居心地の良い居場所である児童館は、子どもたちが安心して過ごすことができるように、また明日も来たいと思える場所である必要があるでしょう。そのためには、"いつでも来ていい"、"いつ来ても受け入れてもらえる"と思われるような体制づくりが望まれます。そのため、まこちゃんを見守りつつ、児童館がさらに居心地の良い居場所になるよう、現在児童館で起きている問題を解決できるよう、個別支援を行っていく必要があるでしょう。

　一方、要支援児童の問題は、まこちゃんのケースのみではなく、現在あるいは今後起こる可能性がある問題と捉えることができます。そのため、問題を未然に防ぐような体制づくりが必要になります。まこちゃんへの対応が個別支援であれば、問題を未然に防ぐ体制づくりがコミュニティワークの地域支援の部分にあたります。

　この事例では、さとうさんによる地域アセスメントの結果、親同士の交流が少ないことや、地域の見守り体制がないことがわかっています。また、街灯のない道があるなど、子どもたちの安全を損なう可能性がある環境が発見されています。このような問題に対して、問題を解決できるよう計画を立て、実行していくことが必要です。例えば、親同士の交流が少ないのであれば、親同士が交流できるようなイベントを設けたり、地域の見守り体制がないのであれば、児童館のイベントに地域の方々を招待し、交流を図ったり、学校と協力しながら子どもたちの見守り活動へのお願いをするなど、様々な活動を通して、地域に働きかけるのです。このような活動によって、親同士のネットワークづくりや地域での子どもの見守り体制づくりなど、問題を地域で未然に防ぐための地域づくりにつながっていくのです。

　このような個別支援と地域支援を同時に展開することで、個人を対象に援助を展開するだけではなく、個人と同様の問題を抱える人を含めた援助に展開され、課題の普遍化につながるのです。

5 まとめ

　ここまで、ソーシャルワークの意義や定義、方法、構成要素を確認しました。また、ソーシャルワークを用いて、個人（ケース）、集団（グループ）、地域（コミュニティ）に介入していくその原則や展開過程を確認できたと思います。

　今回は、個人を対象にしたソーシャルワーク、集団を活用したソーシャルワーク、地域を基盤にしたソーシャルワークに分けて、従来のソーシャルワークの方法を説明しましたが、最近ではこの3つの方法を分けない考え方が主流になりつつあります。例えば、ニーズを発見した段階では、個別に援助した方が良いのか、集団を活用した方が良いのか、地域を活用した方が良いのかはまだわかりません。アセスメントをして、計画を立てる段階で初めて個人なのか、集団なのか、地域なのかがわかるケースが多くあります。また、個別に対応していたとしても、集団を活用した方がうまくいく場合もありますし、地域の協力が必要な場合もあります。むしろ、個別に対応するのは援助過程の一部であり、多くの場合は、個人、集団、地域すべてを活用しながら援助しているのです。それは、人は一人で生きているわけではなく、様々な人とかかわりを持ちながら生活しているわけですから、子育て広場などや児童館の子どもたちなど、集団とかかわりながら援助をしていくことがほとんどです。また、ソーシャルワーカーは人と環境を調整することが仕事です。そのため、環境としての社会資源を活用する際には、子育て広場への紹介や要支援児童のケースを児童相談所につなぐなど、地域にある社会資源を活用することがほとんどです。つまり、ソーシャルワークを用いる際は、個人、集団、地域を完全に分けて考えるのではなく、状況に応じて複合的・総合的にソーシャルワークの方法を用いていくことが大切です。

　中でも、近年特に強調されているのは、"地域"の視点です。コミュ

ニティワークは、潜在的ニーズを発掘し、それを解決する強みをもっています。児童館や児童クラブで働いていると、どうしても目の前の子どもやその保護者、来館者にばかり目が行きがちです。しかし、目の前にいる子どもやその保護者、来館者は、そのひと時は児童館や児童クラブにいますが、1日のうち、来館・利用時間以外は、家庭や地域で暮らしています。つまり、目の前の子どもやその保護者、来館者に気になることや問題があったとしても、その背景にある家庭の問題や、暮らしている地域のことは、わからないことが多いのだと思います。児童館や児童クラブの目的・役割は、子どもの健全育成、育成支援です。子どもたちの最善の利益を考慮して、子どもが健やかに育つよう援助する役割を持っています。それらに求められているのは、児童館や児童クラブを利用している時間だけではなく、生まれ育つ地域で健やかに育てることができるか、という"地域"を基盤にした援助です。地域の中で、0～18才の子どもを継続的に支援し続ける、"切れ目のない支援"ができることは、児童館の特性でもあります。だからこそいま、子どものための家庭・学校・地域との連携や地域ネットワークづくり、関係機関との連携が求められ、児童館や児童クラブの職員に期待されているのです。

　現在の児童館や児童クラブの状況からは、以上に挙げた全てをすぐに担うことは難しい現状があるように思われます。しかし、社会が変化する中で、子どもたちの生活を援助し、様々な問題を解決していくために、専門家として力量形成が必要とされているのです。

コラム
ソーシャルワーカーのケア

　児童館・児童クラブの仕事、ソーシャルワークはまさに対人援助の極みです。対人援助で重要とされるのは、「信頼関係」と言われます。信頼関係を構築するためには、援助する側とされる側双方が感情をやりとりし、互いが安全な存在であることを理解することが大切です。また、その関係性を維持するためには、援助される側の感情の揺れなどを機微に触れ、自分の感情を時にコントロールしながら関わることがあるでしょう。

　このような感情への関わりの行為は、目に見えず、また職員個人の行為として限定的に捉えられがちで、評価の対象になりにくいようです。

　このように感情を意識的に使いこなすことを要求される労働を概念化したのが「感情労働」というものです。医療や心理、福祉の対人援助職以外にも、近年では苦情等に対応することもある窓口業務などもその範囲にあると考えられています。提供される「感情」に価値があるので、それが相手に伝わった時や相手からかえってきた時には「やりがい」として感じる機会にもなるようです。

　しかしながら感情労働の多くは、心のストレスとなります。特に困難なケースに向き合えば向き合うほど、エネルギーを消耗し、結果的に自分自身を傷つけることもあります。エネルギーが枯渇するといわゆる「バーンアウト」（燃え尽き）という状態になりかねません。

　子どもや保護者に関わる仕事の、ある一定程度は自発的（ボランタリー）な働きによって支えられているという側面もあります。自発性は素晴らしいことなのですが、援助される側が過剰に要求をしたり、周囲から孤立したりすることにより、自身がプレッシャーに感じることがあります。

　ストレスやプレッシャーを少しでも軽減し、よりよいソーシャルワークを展開し続けるためにも、自分自身のケアにも相当の力を注ぐことは重要なことです。自分ならではのセルフケアの方法を探すことや、関係者による適切なスーパービジョンを受けることも必要です。

第2章

ソーシャルワークの展開

1 ソーシャルワークを展開するにあたって

❶ ソーシャルワーク展開の重要性と難しさ

　児童館や児童クラブでの活動がソーシャルワークの実践であることを理解していても、職員が意識的かつ有効的にその技術を活用することに難しさを感じている人は少なくありません。その理由の一つとしてソーシャルワークに含まれる意味が幅広くあり、多様な方法と外来的な（カタカナの）同じような用語が多くあることからも考えられます。また、ソーシャルワークの対象や問題は、潜在的かつ重層的に存在するために、ソーシャルワークをいつどこで誰がどのように行うのか現場職員が迷う現実があることも事実です。

　表2-1は、児童館と児童クラブをソーシャルワークの構成要素でまとめたものです。活動場所の異なりがあるにしても構成要素で見ると同様の内容であることが理解できます。

　しかし、児童館と児童クラブでは、利用児童の特徴を見ると大きな違いがあります。児童館では、不特定多数の子どもたちが不定期に利用するのに対し、児童クラブでは就学後のある程度特定された子どもたちが定期的に利用している特徴の違いがあります。また、そこを利用する児童やその保護者一人ひとりを見ると、場合によっては貧困や虐待であったり子どもの発達上の課題であったり様々な問題を抱えているかもしれません。このように場所の違いによる集団の質の違い、利用児童・保護者の抱えている問題が潜在的に複合して現場には存在しています。

　さらに現場職員は、この現状を踏まえて、ある職員は遊びを通じた子どもの発達支援のための環境づくりを、ある職員は保護者と地域住民のネットワーク構築のための行事プログラムを、ある職員は気になる子どもと保護者への相談援助の機会を設定するなど、その対応の優先順位に苦慮することがあります。

　これらの状況はソーシャルワークを理解していても問題の優先性

をどのように判断すれば良いのか、誰がいつどのような方法で行うのか、あるいは現在の実践はどの段階にあるのか、職員個々で理解と実践が異なる現実を有していることが理解できます。

そこで本章では、これら現場の課題を解決すべく実践する職員が共通認識を持って対応できるようソーシャルワークの展開過程を踏まえつつ、その段階において必要な手法と日常的な実践で必要なルールを説明することにします。

場所 (place)	児童館	児童クラブ
問題 (problem)	貧困、発達（身体的・心理的・社会的）、虐待、環境など	
人 (person)	利用児童、利用保護者、地域住民、児童厚生員、保育士、放課後児童支援員など	
過程 (process)	問題・対象の違いに応じた職員による問題解決を志向する段階的な取り組み	

【表 2-1】パールマン 4 つの P との対応関係表

❷ ソーシャルワークの展開で大切にしたいこと

　ソーシャルワークの展開で、まず大切にしなければならないことは、何が問題で何を対象とするのかを明確にすることです。例えば児童館や児童クラブの目標である健全育成に向けた活動に対する改善の必要性を現場職員が共通の問題意識として持っていたとします。しかし、例え共通の問題意識があったとしても、ある職員は利用児童全体に問題の所在があると考えるかもしれませんし、反対に他の職員は問題の所在を集団に所属する一部の利用児童個人にあると考えるかも知れません。つまり、問題の所在を集団に置くのか個人に置くのかによって、用いるべきソーシャルワークがグループワークなのかケースワークなのか大きく異なります。必要なことは、その時々の状況において、適切なソーシャルワークを活用することです。

つぎに、展開過程の違いについては図 2-1 に示します。問題の所在を集団なのか個人なのか確認できたところで実践が開始されるわけですが、つぎに大切なことは、現場職員が現在行っている活動がこの展開過程において、どの段階に位置しているのか、そして、職員集団が共通認識のもと実践できているかが重要となってきます。職員集団が共通認識を持つために現場では、各種記録やカンファレンス等で情報共有を図る必要性があります。

ケースワークの展開過程

- ケースの発見
- インテーク（受理面接）
- アセスメント（ニーズ把握・確定）
- プランニング（援助計画）
- インターベンション（援助の実施）
- モニタリング（中間評価）
- エバリュエーション（事後評価）
- 終結

グループワークの展開過程

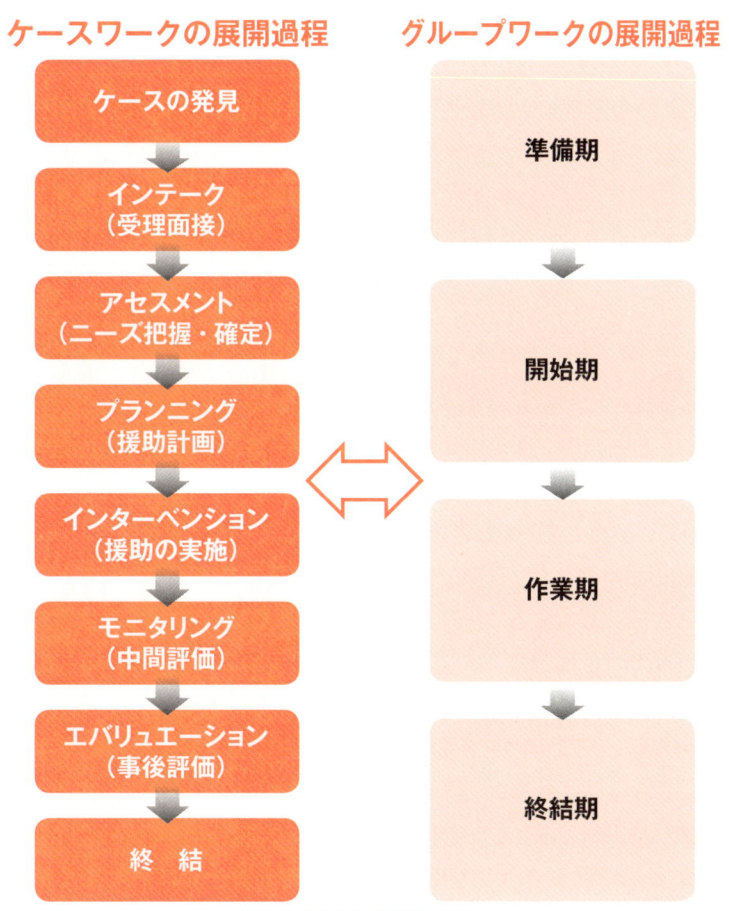

- 準備期
- 開始期
- 作業期
- 終結期

【図 2-1】展開過程の違い

2 アプローチの技法

　児童館や児童クラブでの実践は、その特性から集団に対するアプローチに重きがおかれがちです。しかし、集団のアプローチは集団の理解から始まり、集団の理解は、個人の理解を踏まえた個別的なアプローチの積み重ねによって成り立っています。また、現場の実践を表す言葉に"見守り対応"など表現されることがあります。この場合の"見守り対応"とは、ただ単に「見ている」だけでなく、観察を通じてアセスメントや実践の評価に必要な情報を収集しています。
　これらの児童館や児童クラブの実践の特性を踏まえて本節では、集団に対するアプローチを意識しつつも、個別的なアプローチとしてコミュニケーション技術を踏まえた関係性構築と情報収集に必要なアプローチの技法を中心に理解を深めます。

❶ 協働

　ソーシャルワークに求められる態度の一つとして「共感的理解」があります。共感とは、ワーカーが目の前のクライエントになったつもりで、クライエントが考え、思い、感じていることを同じように感じ取り理解することです。言葉で自分の思いや考えていることを容易に言語化し伝えることのできる大人であれば、後述する個室などで行なわれる面接でワーカーは傾聴しクライエントの思いに共感できますが、子どもを対象とした場合、容易ではありません。
　協働は、そのような言語的コミュニケーションでの代替的な手段としてあるいは共感的理解を行う前段階として"一緒に～する"を意識した実践です。
　児童館や児童クラブでは、職員と子どもが一緒に活動する機会が多くあります。職員は、子ども同志の活動を見守るだけでなく、

子どもと一緒に遊ぶ、子どもと一緒に勉強するなど協働場面を意識的に活用しながら時間と場所を共有し、関係性構築や共感的理解の手掛かりとしたいものです。

❷ 傾聴

共感的理解につながるもう一つの技法として傾聴があります。傾聴とは、相手が話している言葉をよく聴くというよりも、相手の"思い"すなわち心の声までも理解できるように集中して聴くという意味があり、リスニングマインドともよばれています。

図2-2は傾聴の概念を示したものです。傾聴を行った聴き手は、単に相手の声（言葉）の理解だけでなく、相手の「経験」「行動」「感情」「ものの見方」など、さまざまな"思い"を知る方法であることがわかります。

【図2-2】傾聴の概念

経験　行動　傾聴　感情　ものの見方

出典：野村豊子（1994）「高齢者対人援助職のコミュニケーション技能」『おはよう21』第5巻第4号,P75　中央法規出版の図を著者が一部改変

図2-3は傾聴の段階を示したものです。傾聴を実行すれば、すぐに相手の"思い"が理解できるのではなく、ある程度の時間と段階を経て、より深い理解ができることがわかります。また、傾聴の段階が進んでいくと聴き手は相手の感情を体験したり、話し手は自分のその時の感情を振り返ったり、聴き手に対して自分のことを十分理解しようとしている人であると認識できたりすることがわかります。

児童館や児童クラブでの子どもたちの活動は、集団場面が多く、個別的活動場面でも個々の子どもが流動的にそれぞれで活動しているといった傾向があります。したがって傾聴の大切さや効果を理解していても、傾聴を1対1の個別で行われる技法と捉えてしまうと、その重要性を感じることができません。傾聴の本質は、聴き方や対応の仕方ではなく、子どもたちに「この人は本気で話を聞いてくれる人」「自分を理解してくれようとしている人」という気持ちを持ってもらうことです。職員は時に子どもたちの声に耳を傾け、子どもの気持ちに共感できる場面や方法を工夫したいものです。

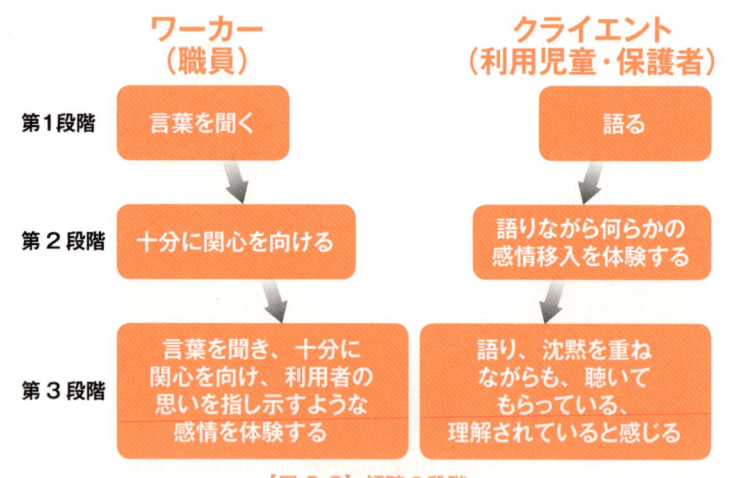

	ワーカー（職員）	クライエント（利用児童・保護者）
第1段階	言葉を聞く	語る
第2段階	十分に関心を向ける	語りながら何らかの感情移入を体験する
第3段階	言葉を聞き、十分に関心を向け、利用者の思いを指し示すような感情を体験する	語り、沈黙を重ねながらも、聴いてもらっている、理解されていると感じる

【図2-3】傾聴の段階

出典：Chapman&Hall（1989）「Counselling Skills for Health Professionals」『コミュニケーション技術』新・介護福祉士養成講座第5巻, P47　中央法規出版の図を著者が一部改変

❸ 姿勢（ポジショニング）

　ソーシャルワークやコミュニケーション技術では、相手との関係を理解したり効果的な関係性構築に向けて、ワーカーの身体的視覚的な姿勢や位置関係（ポジショニング）を重要視しています。
　例えば職員が活動中の子どもの前で椅子にのけ反って座り、足と腕を組んだままの姿でそこに居たとしたら、子どもたちは「怖い」「話

したくない」「逃げたい」という気持ちになるでしょう。また、保護者と立ち話をしている時、周りをきょろきょろしながら、時に保護者の話を遮り子どもたちに大声で話しかけるような、そわそわした態度があったとしたら、保護者は「申し訳ない」「話したくない」「忙しそう」という気持ちになるでしょう。

　このことからわかるように子どもや保護者の前での職員の姿勢には、言葉ではないメッセージが発信されています。また、姿勢だけでなく相手との距離や位置関係においても、メッセージ性が含まれており、注意や配慮が必要です。

　図2-4は、クライエントとワーカーの位置関係の意味を示したものです。対面法はクライエントの真正面にワーカーが、直角法はクライエントとワーカーが机の角を間に挟んで直角になるような、平行法はクライエントとワーカーが横に並ぶような位置関係になるものです。対面法では緊張や対立が、直角法ではリラックスが、平行法では親近感が生じやすいとされます。

　職員は、姿勢や位置関係のメッセージ性に留意しつつ、子どもたちや保護者との関係性構築に活用したいものです。

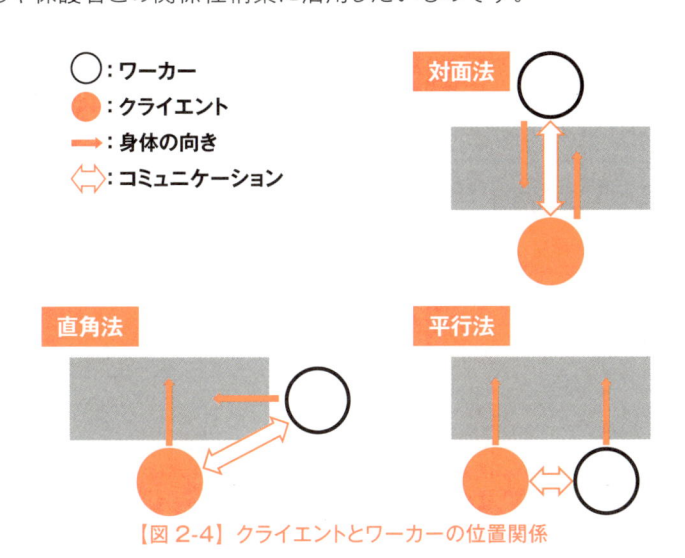

【図2-4】クライエントとワーカーの位置関係

○：ワーカー
●：クライエント
→：身体の向き
⇔：コミュニケーション

対面法
直角法
平行法

❹ 表情

　職員は、子どもや保護者の喜び、楽しみ、苦しさ、辛さに寄り添う存在でありたいものです。そのためには、彼らの不安や緊張を緩和し安心して職員と関係ができるよう、無表情や、しかめた顔をしているのではなく、ほほ笑みや優しさが感じられる温和な表情をすることが大切です。

　しかし、注意したいのは、温和な表情がいつも常ではないことです。この温和な表情は、あくまで多くの子どもたちと保護者、すなわち集団の前で求められる児童館や児童クラブ職員の職務に基づいた一般的な感情に基づく象徴的なイメージとして理解してください。そして、最も大切な表情とは、その場の子どもの気持ちにあった表情をするということです。子どもが痛い思いをしている時に笑顔であったり、保護者が嬉しい話をしている時に緊張した表情をしているのでは、彼らは職員に心は開いてくれません。

　表2-2は、対人援助（サービス）職が行う演技の種類を示したものです。表層演技では組織（集団）が求める一律の感情表出に

定　義	表層演技	深層演技
	自らの真の感情とは不一致であっても外面的（表情・動作・言動）には望ましい感情表出を行う	自らの感情それ自体を業務上望ましい感情に変化させ内面的にも外面的（表情・動作・言動）にも一致させて感情表出を行う
自分の感情と表出（表情・動作・言動）の合致度	×	◎
相手の感情・ニーズに基づいた表出（関わり）	○	◎
組織や同僚が求める規範・ルールに則った表出（関わり）	◎	○
自分（ワーカー）の感情を把握・コントロールし、相手（クライエント）の感情や組織が求める関わりに合わせて表情・動作・言動を表出	○	◎
自分（ワーカー）の感情は別にして、相手（クライエント）の感情や組織（職場）が求める関わりに合わせて表情・動作・言動を表出	◎	×

【表2-2】対人援助職が行う演技

基づく演技とされ、深層演技では、相手の感情が求める多様な感情表出に基づく演技としています。

　この演技の種類に基づくならば、児童館・児童クラブ職員の演技すなわち表情は、子どもや保護者ひとり一人の感情に合わせた表情の表出でありたいものです。

❺ うなずき

　「うなずき」は姿勢や表情と同様に身体を使った非言語的な表現、すなわち相手に対して「了解」「わかりました」という意味を持つボディーランゲージのひとつです。日本人は英語圏の人々と比べると身体的な言語表現力が乏しいとされています。表現力が乏しいことは同時に理解力も乏しい可能性を持っています。ですから日本においてボディーランゲージを使う際は、使う場面、相手の理解力などを踏まえたうえで上手く活用していきたいものです。

　一般的に相談援助等の面接場面での適度な「うなずき」は、相手の話を理解したことを伝え、最小限の励ましを与えるため、会話を促進させる効果があるとされています。一方、過度の「うなずき」は、クライエントに「馬鹿にされている」「めんどくさがれている」「いい加減な返事（人）」と受け取られる場合があります。反対に、まったく「うなずき」が無い場合は、ワーカーに対して「話を聴いてない」などと理解されクライエントに不安を与える結果になります。このことから適度な「うなずき」の頻度は重要であるといえます。

　また、「うなずき」をボディーランゲージと位置付けた場合、オーバーアクションの質にも注意したいところです。「うなずき」の相手が低年齢の子どもの場合は、むしろ大袈裟な方が伝わりやすいでしょうし、保護者とは、話の内容や文脈に応じて例えば「ゆっくり1回うなずく」とか深い理解を示す時には「ゆっくり深く2回うなずく」など状況に対応することも重要です。

❻ 身体接触（手を握る、背中のタッピングなど）

　身体接触とは、「処置や介助などの援助で身体に触れる場面や行為」を指すのではなく「コミュニケーションを目的に意図的に利用児者の身体に接触する」ことです。具体的には、「肩に手を添える」「握手」「ハイタッチ」「手をつなぐ」などがこれに該当します。

　ソーシャルワークにおいて身体接触は、技法として位置付けられていません。しかし、看護や介護、保育分野のコミュニケーションを説明する科目においては重要視される関わり方です。その理由は、患者さん、介護を受ける人、子どもとの関わりにおいて言語的コミュニケーションと同様に非言語的コミュニケーションが有効な方法であるとされているからです。

　特に保育分野において身体接触は、母子関係のはじまりとするアタッチメント、すなわち愛着関係で説明されます。この愛着関係は子どもにとって安全で安心した関係に置き換えられます。身体接触は、子どもに安心感を与え職員との関係性構築を結ぶひとつの方法として実践されます。

　身体接触で注意しておきたいことは、すべての子どもとの関わりに有効ではないことです。特に子どもによっては身体接触を極端に嫌がったり、異常に怖がったりする場合もあり注意が必要です。また、異性に対しての接触や、関係性構築が成立していない段階での接触は厳禁です。身体接触を活用するにあたっては、子どもの個別性に対する配慮や職業倫理や子どもの人権意識に基づく職員の立場を十分理解することが必要不可欠です。

⑦ 沈黙（話しが途切れる、話しに詰まるなど）

　悩みや相談ごとを子どもや保護者から話しを聴いている時に、その相手が沈黙する（話しに詰まる）ことがあります。時としてワーカーは、相手が何を伝えたいのか、焦りや不安から一方的に質問を浴びせたり先回りしてワーカーが意見を述べたりしがちです。しかし、沈黙にも様々な意味があり、その沈黙の種類によって対応方法が異なります。およその沈黙の種類と対応方法については以下のとおりです。

利用者自身が整理をつけられない時の沈黙

↓

繰り返しの技法や要約技法（後述）を使って
クライエントの発話を促してみましょう。

**会話の中で感情が込み上げてきて
言葉が続けられなくなった時の沈黙**

↓

利用者の気持ちが落ち着くまで静かに待ちましょう。

**ワーカーに対しての反感や不信感など
話しをしたくない感情を抱いた時の沈黙**

↓

「話す機会を別に設ける」ことや
「対応する相手を替えることも可能」などの提案をして、
積極的に対処（介入）した方がよいでしょう。

3　面接の技法

　児童館や児童クラブにおいて"面接する場面"をイメージすると保護者との面接くらいの少ない機会と捉える人が多いと思われます。多くの人が持つそのイメージは、職員室や面談室、子どもがいない部屋などの場所で時間や回数を決めて行う面接、すなわち「構造化された面接」なのです。

　一方、児童館や児童クラブで行われる子どもや保護者とのかかわりは、日常生活を送る場所、具体的には子どもとは活動場所そのものであったり、保護者とは送迎や行事の時であったりするもので、たとえ「ゆっくりと話がしたい」と思っていても、その多くは、活動中や立ち話程度の「～ながらのやりとり（相談）」です。この「日常生活の中で行われる話しのやり取り」のことをソーシャルワークでは、「日常生活場面面接」と呼びます。

　「日常生活場面面接」では、「構造化された面接」と同じく、クライエントの情報収集や課題の抽出のために必要なアセスメントやアドバイスを行うという目的において何ら変わりはありません。むしろ、「日常生活場面面接」の方が日常生活の延長で行われるため、クライエントが身構えることなく素直な思いを話せる利点があります。反面、話している内容を他の人に聞かれたり、話している最中に他の人が入ってきて遮られてしまう弱点も存在します。

　そこで本節では、職員が子どもや保護者と「日常生活の中で行われる話しのやり取り」をも含めた広い意味で面接を捉えることとします。そして、その「話のやり取り」の中で職員が何を大切にしながら実践しなくてはならないのか、ソーシャルワークにおける面接技法について説明することとします。

❶ 繰り返しの技法

　繰り返しの技法とは、クライエントが発言した言葉の一部、または全部や最後の部分を取り出して、ワーカーがそのままの言葉で返す技法でリピートなどとも言われます。

　たとえば、利用児童が「○○ちゃんばかり一輪車を使っていて私に貸してくれないの〜」と話があったときに職員が「○○ちゃんばかり一輪車を使っていてAちゃん（話してくれた子どもの名前）に貸してくれないのね・・・」と返したり、保護者が「最近、ついほかの子とうちの子を比べてしまって・・・比べてしまうのは良くないとわかっているのだけれど、どうしてもうちの子の勉強ができないことに腹を立ててしまうんですよね〜」と話しがあったときに職員が「お子さんの勉強ができないことに腹を立ててしまうんですね・・・」などがこれに当てはまります。

　ワーカーがクライエントと同じ言葉を返すことによって、クライエントは「この人はしっかり自分のことを聴いてくれている」という気持ちになれる可能性を持っています。このことは、ワーカー自身がクライエントに対して傾聴をしているメッセージを発信していることにも繋がります。そして、クライエント自身にも「私の話を理解してくれている」といった安心感を持たせる効果があります。

　また、繰り返しの技法は、クライエントが話そうか止めようか迷っているときなどに、話しを進める効果を持っています。次の会話内容は職員が繰り返しの技法を使い利用児童と会話したものです。

利用児童：「先生あのね・・・昨日ね・・・」

職　　員：「昨日？」

利用児童：「昨日、先生に、逆上がりができるって言ったけど・・・本当はね・・・」

職　　員：「本当は？」

利用児童：「本当は・・・補助板がないとできないの・・・だから、まだ、自分ひとりで逆上がりできないの・・・」

職　　員：「そっか～○○ちゃん、本当のこと正直に教えてくれてありがとうね！補助板を使ってひとりできるのも先生はひとりで逆上がりできるって思ってたよ！」

　ここで大切なのは、相手の語尾や言葉を繰り返し言うだけではなく、相手のペースに沿うことです。決してワーカーがクライエントの言葉から先読みして「本当はどうしたの？」「逆上がり？昨日、話してくれたよね？本当はできないの？」「怒らないから正直に言って！」などと問い詰める発話をしていないことです。そうすることによってクライエントは、話そうと決断し、落ち着いて整理しながら話していくようになります。

❷ 要約技法

　要約技法とは、クライエントが話した内容を簡潔に、要点を整理して返す技法です。

　利用児童の中には学校や家庭であった出来事を親しい職員に会ったとき、あれもこれも全て話したい子どもがいます。また、保護者の中には、子どもに対する悩みを職員に話し出したところ、話しが広がって最後は家庭や学校に対する不満や悩みに発展してしまって結局のところ何が悩みなのかはっきりわからない人もいます。

このような場合、ワーカーが傾聴しながら話しの内容を汲み取り要点を的確に整理し、重要なところは強調してクライエントに伝えることが大切です。次の会話内容は、帰宅が遅い子どもを心配して迎えに来た保護者と児童館職員の要約技法を使ったものです。

保護者：「あっ！居た居た！ほらっ、帰るよ！ご飯だよ！すみません本当に～遅くまで居てしまって・・・」

職　員：「いいですよ。閉館時間は18時半ですから」

保護者：「この子は家でも落ち着きが無くて・・・じっとしていられない性分らしく、学校から帰ってきたら宿題もせずに外に遊びに行ってばかりで児童館が好きなようなんですよ・・・家に帰ったらご飯もそそくさと部屋に入って何をしているのやら・・・部屋も散らかりっぱなしで、まるでごみ屋敷のようで本当に困ってるんです」

職　員：「それは、たいへんですね～」

保護者：「本当は私が、宿題やら何やらこの子の面倒を見てあげたいところなんですが・・・最近、主人がリストラにあって定職に就けなくて・・・不定期な仕事なものですから日中、家に居たり、夜に仕事だったり、昼間、家に居るときくらい、この子の面倒を見てくれるといいんですけどね～、だから私も昼の仕事のほかに深夜の仕事も始めたんですよ。その方がお金も高いし・・・だから、この子の夕飯は、昼と夜の仕事の合間に家に帰ってきてやっているんですよ～本当にもう忙しくて～身体がきつい・・・早く主人の仕事が見つからないかしら～」

職　員：「〇〇ちゃんのお母さんは今、お子さんの育ち・・・特に落ち着きが無いことと、ご主人の定職が見つからないこと、その代わりにお母さんが仕事量を増やして忙しくなっていることで、つらい状況なのですね。もしかしたら子育てや家のことなど誰かの手が欲しいと思っているのでしょうかね～」

クライエントが悩んでいる状況とは、「今、自分の中に抱えている問題に整理がつけられず、対処できていない様子」と理解することができます。そこで要約技法では、クライエントがうまく整理つけられない様々な問題を、クライエントの代わりにワーカーが整理し直す作業とも言えます。様々ある複雑に絡み合った問題を一つひとつ取り出し、共通点や問題の対処にあたって優先順位をつけるアプローチであると言えます。

❸ 質問の技法

　子どもや保護者の語りは、たとえ傾聴を行ったとしても時に、その内容が不明確であったり、クライエントの真意が理解しづらい場合があります。質問の技法とは、これらのワーカー自身がクライエントの情報を把握しにくい、あるいはさらに深い情報収集と理解を行いたい場合などに対応する技法です。

　質問の技法は、大別すると「閉じられた質問（Closed-Question）」と「開かれた質問（Open-Question）」の2つの技法があります。

　「閉じられた質問」とは「海で泳いだことはありますか？」「それはいつですか？」など、子どもや保護者が「はい」「いいえ」や「ひと言」で簡単に答えられる内容について質問する問いかけ方です。「閉じられた質問」は、二者択一などの応答であるため事実確認の際や、話しをしてくれない、あるいは話しをすることが苦手な子どもや保護者に対して、的確な情報やニーズを把握する際に有効な方法です。

　「開かれた質問」とは、「なぜ？そのような行動をしたのですか？」「そのとき、どのような気持ちになりましたか？」など、子どもや保護者に対して自由に自らの言葉で話しができるよう質問する問いかけ方です。「開かれた質問」は、子どもや保護者の気持ちを尊重しながら、質問と返答の繰り返しの中から、彼らの多様な情報を把握できる可能性と同時に、クライエント自らが自分が抱えている問題に気づく機会となる効果があります。

　質問の技法を意識しながら実践するとクライエントとのコミュニケー

ションは促進されますが留意点も少なからずあります。

「閉じられた質問」をワーカーが一方的に続けると、クライエントは話したい気持ちを損なうどころか、詰問を受け取調べを受けている心境に陥ってしまいワーカーとの信頼関係を失いかねません。「開かれた質問」では、会話の深まり、コミュニケーションの質が問われます。「閉ざされた質問」のように「開かれた質問」でも、一往復の応答だけに済ましてしまうと結果的にワーカーがアセスメントや問題の焦点化で必要な情報や事実の確認ができなくなってしまう恐れがあります。これらのリスクを踏まえてワーカーは、クライエントとの信頼関係ができるよう「閉じられた質問」と「開かれた質問」をクライエントの状況に合わせてバランスよく使っていくことが大切になってきます。

④ リフレーミングの技法

相手の話を傾聴して質問技法を使いながらクライエントの会話を要約し、問題を焦点化する中でワーカーは、クライエントの問題に対する捉え方や表現が過度に後ろ向きであったり前向きであったり偏りがあることに気づく場合があります。特に、自分の悩みに対する相談ごとでは多くの人がネガティブに捉えマイナスなこととして認識されがちです。

そこでリフレーミングの技法では、クライエントが話した内容を別の表現で言い換えて返す方法を用いています。

たとえば、利用児童が「先生!○○ちゃんがうるさいよ〜」と言ったときに「○○ちゃん、元気が良すぎるんだね〜」と返したり、「私って…緊張しすぎて、いつも上手くできないんだよね・・・」と言うことに対して「いつも一生懸命やろうとして緊張しちゃうんだね〜」と返すなどと言い換えることでネガティブな表現をポジティブにして考え方や捉え方の転換を図る効果を持っています。表2-3はネガティブな意味を含んだ言葉をポジティブに言い換えた時の一例です。言葉が持つ意味と語彙を複数、ワーカー自身の頭に入れておくと言い換えの技法を活用する際、役に立ちます。

また、保護者が「最近、よく子どもの行動に対してイライラして叩いてしまうんです…」の発言に「お子様のしつけで熱心に考えてしまって悩んでいるのですね」と返したり、利用児童が「お父さんが家に帰って来なくてお母さんが機嫌悪くしているから家には帰りたくない・・・」と言われたときに「お父さんが居なくてお母さんも心配なんだね〜早く明るく優しいお母さんになるといいね」などと言い換えることによって、子どもや保護者に対して職員自身が深い関心を持って傾聴しているメッセージと職員の優しさを伝える機会となる効果が期待できます。

　そして、リフレーミングの技法は、要約してわかりやすくクライエントに伝えるとともにクライエントの発話の裏側に隠れている真意を確かめる手段でもあります。そこでワーカーがリフレーミングの技法を使う際は、「楽しい」「嬉しい」「寂しい」「悲しい」などのクライエントの心情を予測して喜怒哀楽を表現した言葉をできるだけ入れて返したいものです。このようなコミュニケーションを通じて、クライエントの真意が理解できるわけです。もし、食い違いがあった場合は、クライエントにさらに説明を含む発話を促して内容に修正を加えてワーカーが返して、その内容に同意が得られたときに、より深い理解ができるようになっていくのです。

ネガティブな言葉	ポジティブな言葉
うるさい、騒がしい	元気がいい、盛り上がっている
さびしい、ひとりぼっち	みんなと一緒が好き、関わりたい
朝寝坊した、起きられない	ゆっくり休めて良かった、身体もリフレッシュ
いじめる、意地悪する	かまう、かまわれる
〜してくれない	〜して欲しい
（好ましくない行動に対して…）ダメ、イケナイ	（好ましくない行動に対して…）心配した、驚いた、悲しかった
〜できない	やる気がある、頑張ろうとしている

【表2-3】リフレーミング例

4 記録

　言うまでもなく児童館・児童クラブ職員の仕事は、子どもたちと直接的に関わる業務が中心です。当然ながら一日の就業時間の比率も、さらに職員が意識しているイメージも直接的な業務として大半を占めています。しかし、大半を占めている直接的な業務は、間接的な業務と連動して実践が行われています。

　特に間接的な業務の中でも記録は、ソーシャルワークを展開する際に非常に重要となる業務です。しかし、多くの実践現場では記録の業務が時間外に行われていたり、あるいは「記録は管理・監督者、専任職員の業務」として認識され、すべての実践をする職員が記録との連動性やその重要性を理解せず直接業務を行う傾向にあります。また、実践現場にある記録は、種類もその目的、用途も多種多様に存在していることから、重要性が不明確になっている環境もあるようです。

　そこで本節では、子どもたちと直接関わるすべての職員が記録を活用する重要性について理解できるよう記録の種類と目的や方法について説明することとします。

❶ 記録の種類

　表2-4は児童館・放課後児童クラブでのソーシャルワークの展開で必要な記録の種類と目的をまとめたものです。実践現場では主に①管理運営記録、②実践記録、③研究・研修のための記録の3つに分類できます。

分類	目的	種類・名称
管理運営記録	管理運営上における根拠 行政、理事会、評議会に対する根拠 業務報告・改善の根拠	利用者名簿、受付簿、業務日誌、 各種業務関連の文書、 利用者要望書、会議録　など
実践記録	実践根拠 職員相互・保護者との情報共有 利用者への説明根拠	個別支援（保育）記録、 申し送りノート、連絡ノート、 行事・プログラム関係文書　など
研究・研修のための記録	ケースカンファレンス、 ケーススタディなどの資料データ	カンファレンス・ケーススタディ 関係資料、逐語記録、アンケート 結果　など

【表2-4】児童館・児童クラブの記録の種類

① 管理運営記録

　管理運営記録とは、管理運営上で必要となる記録のことで利用者名簿、利用受付簿、業務日誌（日報）、経理関係帳簿、各種委員会関連文書、利用者要望書、会議録などがこれに該当します。

　これらは主に管理監督者が管理しているもので、その多くが公文書で取り扱い注意文書です。そして、外部機関からの求め（請求）に対して開示しなくてはならない文書です。

② 実践記録

　実践記録とは、個別支援記録、申し送りノート、連絡ノート、行事・プログラム関係文書などがこれに該当します。

　これらの記録は、主に子どもと直接かかわりのある現場職員が記入し、日々の実践の記録として、また、より良い実践に向けて職員相互や保護者との情報共有・連携のために使用されます。

③ 研究・研修のための記録

　研究・研修のための記録とは、ケースカンファレンス・ケーススタディ関連の資料、利用児童・保護者との逐語記録、実習日誌、利用者に対するアンケート調査結果票などがこれに該当します。

　これらの記録は、大学等研究者・専門職養成機関との連携の際や、職場内研修の際に使用されます。研究・研修内容によっては管理運営記録や実践記録が元データとして使用された結果の記録がこれに該当する場合もありますし、アンケート調査のように、アンケート調査票そのものを含む記録すべてがこれに該当する場合もあります。

❷ 記録の目的

　記録の目的は大別すると、実践を行う職員相互や他機関との情報共有を行うために、そして、実践過程のデータを蓄積し適切な援助実践や向上のために行うことに分類できます。具体的には以下の3点が記録の目的になります。

❶ 児童館・放課後児童クラブの機能向上に向けて

ⅰ. 利用者からの要望・苦情、その問題解決に向けての内部や外部との連絡調整や検証材料に役立ちます。また、施設や機関の統計データとして公的資料となり、市民のニーズに対する施策立案の根拠資料に役立つ可能性を持っています。

ⅱ. 実践現場職員は雇用形態（就業時間）、役割、担当業務など多種多様な状況にあります。記録はこれら職場内の相互理解のために情報を共有することができます。また、外部の機関から情報提供の要望があったり連携が求められたときに役立つ可能性があります。

ⅲ. 各年度の事業報告・計画を作成する際に役立てられ施設運営の総括および今後の運営に役立ちます。

❷ 利用児童・保護者に対するより良い援助に向けて

ⅰ. 実践現場は、ひとりの子どもとその保護者に対して複数の職員がかかわる特性があります。そこでは、一人ひとりのケースについて詳細に把握することが困難なため、情報の蓄積と共有のために記録が重要になります。

ⅱ. 利用児童と保護者にこれまでの援助と今後の援助を話す際に役立ちます。すなわち、ワーカーがクライエントに対して行う説明責任の根拠資料となります。

ⅲ. また、何らかの内外において問題が生じた際、記録によって、職員や利用者の権利を公に守ることができます。

ⅳ. 担当業務の交代の際、記録によってより的確かつスムーズに行うことができます。

❸ 職員の自己研鑽・人材育成に向けて

ⅰ. 記録を取る作業を通じて、理論と実践を結びつける学習の機会になります。

ⅱ. 記録を分析することによって、ケースの問題や職員自身の課題を発見し、より適切な援助へと繋げられるようになります。

ⅲ. 記録を材料に利用者とのかかわり方、援助の進め方を振り返り研究することができます。

ⅳ. ケースカンファレンスやケーススタディなどの資料として活用できます。

❸ 記録の方法

　記録は、公的資料として保存に適した方法で作成されなければなりません。近年は、そのほとんどが手書きによる紙媒体からパソコンを使用しての入力・保存（電子記録）が主流になっています。電子記録も手書きと同じく定められたフォーマットに従って、定められた文書表現で入力されなければなりません。

　また、ソーシャルワークにおいて記録する上で、記述（入力）のスタイルを理解していることも大切です。なぜなら現場職員が携わる記録の多くは、子どもや保護者と直接かかわった内容（エピソード）を残すからです。この記述スタイルには、「叙述体」「説明体」「要約体」の3つがあります。以下、各スタイルの表現方法と記入例を挙げます。

1 叙述体

　　Aが足を引きずって学校から放課後児童クラブ室に入って来た。その様子を職員が気づき、Aに尋ねると下を向いて黙ったまま、なかなか話そうとしない。もう一度、Aに尋ねると「休み時間に鬼ごっこをしていて転んだ」と元気なく答えた。職員は、状況確認のため学校へ連絡を入れた。担任の先生からは「何も知らなかった」とのことで、本人の様子確認と家庭への連絡は学校の教員が対応することになった。

2 説明体

　　放課後児童クラブに入室時、Aが足を引きずっていることに気づき、尋ねたところ学校の休み時間中に転んだとのことであった。Aの話の信憑性に不安があったことと学校での怪我の事実の確認のため担任教員へ連絡を入れたところ、担任教諭は事実を把握していなかった。今後の対応について協議した結果、本人の様子確認と家庭の連絡を学校側で行うこととなった。

3 要約体

　　放課後児童クラブ入室時、Aの足が怪我していることを把握した職員は、学校へ連絡をした。結果、学校側がその事実を把握していなかったことの確認が取れ、その後の対応として学校側が本人の怪我把握と家庭への連絡を行うことになった。

　　データの保管についても配慮や留意点があります。具体的には電子記録は壊れたり消去されたりしないようバックアップが必要となります。また、守秘義務の観点からもパスワードの設定や閲覧者の限定、個人情報の電子記録はインターネットと繋がっていない単体のパソコンやハードディスクに保存するなどの管理上のルールと職員教育が必要不可欠です。

5　個人情報の保護と倫理

　児童館や児童クラブの実践において、個人情報を管理・保護し、秘密保持などの倫理に留意することは、児童館ガイドライン「社会的責任」の中で明確に位置付けられている事項です（表2-5）。これらを要約すると、(1)では子どもの権利擁護と意見表明権の尊重が、(2)では、実践上のインフォームドコンセントの必要性が、(3)では個人情報の保護と秘密保持の義務が、(4)では苦情解決の必要性が、述べられています。これらを概観すると個人情報の保護については(3)のみの規定となっていますが、その社会的責任において個人情報の保護は、倫理上の内容と深く関連していることが理解できます。すなわち、個人情報の保護の重要性を理解するには、児童館・児童クラブの職員としての社会的責任という枠組みの中での倫理的理解が必要不可欠になります。これらは、定期的な職業倫理に関する職員研修が求められます。

【児童館ガイドライン】第1章　総則・4 社会的責任

4 社会的責任
(1) 児童館は子どもの人権に十分に配慮し、権利擁護に努めるとともに、子ども一人ひとりの人格を尊重し、子どもに影響のある事柄に関して、子どもが意見を述べ参加することを保障する必要がある。
(2) 児童館は、地域社会との交流や連携を図り、保護者や地域社会に児童館が行う活動内容を適切に説明するよう努めなければならない。
(3) 児童館は、子どもの利益に反しない限りにおいて、子どもや保護者のプライバシーの保護、業務上知り得た事柄の秘密保持に留意しなければならない。
(4) 児童館は、子どもや保護者の苦情等に対して迅速かつ適切に対応して、その解決を図るよう努めなければならない。

【表2-5】児童館ガイドラインにおける秘密保持などの倫理に関する規定事項

また、個人情報の保護については、徹底した職場内における保管に関する管理体制とルール作りが必要となります。先述のとおりソーシャルワーク実践が積み重なってくると、それに応じた記録が職場内に蓄積されてきます。これらの記録は、個人情報が多く含まれています。表2-6は児童館・児童クラブで保管すると想定できる個人情報の内容を一覧化したものです。利用児童に関する情報のみならず、個人情報には保護者や職員自身の情報も含まれ、かなり広範囲な情報量であることも念頭におきましょう。

　そして、これらの記録は、紙・電子データでの保管が中心となるので、その配慮や留意点についてもルール作りが重要になってきます。具体的には、文書記録は、ファイル基準表などの職場内のルールに則ってファイリングし職員個人で保管せず、事務所の鍵がかかるキャビネットなどに保管します。また、電子データの場合は壊れたり消去されたりしないようバックアップが必要となります。また、守秘義務の観点からもパスワードの設定や閲覧者の限定、個人情報の電子記録はインターネットと繋がっていない単体のパソコンやハードディスクに保存するなどの管理上のルールと共通認識が必要不可欠となります。

種　類	内　　容
利用児童に関わる情報	● 氏名　　　　　● 学年（クラス） ● 罹患（障害）歴　● 生年月日 ● 所属学校名　　　　　　　　・・・など
保護者・家庭に関わる情報	● 氏名　　　　　● 住所 ● 電話番号　　　● 家族構成 ● （職業）　　　　　　　　　・・・など
職員に関わる情報	

【表2-6】児童館・児童クラブで保管する個人情報の種類

6 アウトリーチ

　アウトリーチとは「手の届く、手を差し伸べる」という英語から派生し、ソーシャルワークの分野では、「支援の必要な状況にあるにもかかわらず、それらを認識していない、あるいは支援につながっていない子どもや保護者に対して、相談援助者から援助につなげるためのはたらきかけ」を意味しています。場合によっては「訪問支援」などと訳されることもあります。これらの援助はアウトリーチ活動と呼ばれ、主な目的・内容と効果は表2-7のとおりです。

　この表から、児童クラブでの低学年児童に対する小学校下校時の迎え対応や、一部の児童館での移動児童館やサテライト事業実施など、既にアウトリーチ活動を実践していることが理解できます。また、アウトリーチ活動をしている団体とのネットワークを作りながら児童クラブや児童館の活動へ対象児童の利用を繋げてもらうことも大切です。

主な実施主体	目的・内容	期待される効果
芸術家・研究者・実践家 など	日常的に機会が少ない人々の元を訪れてコンサート・講演会・ワークショップなどを催し、新たな接点を広げて積極的に働きかける	興味・関心の拡大、アクティビティ活動の充実など
医師・看護師・保健師・介護福祉士・ボランティア など	予防的な援助や介入的な援助が必要な人々に対して、援助者が被援助者の家庭へ出向き、具体的な援助をおこなう	公的機関に出向くことができない人々あるいは、必要性に気付けていない人などの潜在的利用希望者の発見と専門機関への紹介など

【表2-7】アウトリーチ活動の目的・内容・効果

アウトリーチを「訪問支援」と限定的に意味付けすることなく、利用保護者や地域住民の情報提供・周知の方法や理解促進の機会として捉えたいものです。アウトリーチを意識することによって、児童館・児童クラブの職員は、日常の子どもとの関わり、送迎時の保護者との対話、連絡帳や通信、掲示物や展示物、保護者と協働した行事設定やアンケートの協力などの活動が定例的な活動としてではなく積極的な活動の機会であることが再認識できるようになります。アウトリーチを福祉ネットワーク作りの効果的な方法として位置付けたいものです。

7 ケースカンファレンス

　カンファレンスとは「会議」「協議会」や「同盟」「連盟」という意味があり、前者は主に看護・医療・介護の分野で、その従事者が集まって援助方法などを検討する会議などを指し、後者はスポーツの分野でグループやカテゴリーなどとして使われる言葉です。ソーシャルワークではカンファレンスを「会議」という意味で使い、主に個別事例を扱い援助方法を検討し、援助方針の策定や計画立案などをすることからケースカンファレンスという用語が使われています。

　児童クラブや児童館では、個別に利用児童の援助方法を検討することよりも、行事の立案や月案、日案など職員会議という形式で集団に対する援助方法の検討が行われることが一般的です。これらの会議も援助に類する検討であることからするとカンファレンスと言えます。そして、どちらかというとケースカンファレンスと言うよりは、多くの子どもや保護者に対する関わり方や援助の話題が中心となる会議の側面からすると集団に対する援助や体制を協議する会議すなわちケアカンファレンスとして位置づけられます。

　ケースカンファレンスは、参加者がそのテーマに基づき、それぞれの立場で見解を出し合いながら議論を深め、より適切な援助方法を導き出していく活動です。ケースカンファレンスの手順と討議内容については表 2-8 のとおりです。また、ケースカンファレンスでは、より効果的に討議が進められるよう提案者がケースに基づく資料をあらかじめ作成する場合もあります。表 2-9 は、提案者が作成する資料の主な項目の例です。

手順	実施項目	討議内容
①	事実確認	いつ、どこで、だれが、何を、どの程度起きているのか、ケースの現状に対する主観情報と客観情報を区別し確認する。
②	不安・危険要素の確認	ケースを取り巻く否定的事柄の有無を確認する。例えば否定的事柄には、社会的不利、保護者の問題、子どもの問題、問題を増幅させる事柄などがある。
③	出来ていること・出来そうなことなどの確認	ケースを取り巻く肯定的事柄の有無を確認する。例えば肯定的事柄には、子どもの資質、家族の資質、関係者の協力、解決の実績などがある。
④	課題の抽出	現状の行動や問題の原因となる事柄を列挙していく。因果関係でのみ捉われることなく、複合要素のもと問題が表出していることを前提に、複数の課題抽出が重要となる。
⑤	支援目標・具体的援助方法の検討	抽出された課題をもとに支援目標と、それに基づく具体的な援助方法を検討・決定する。支援目標は数年後の子どもと家族の様子までを思い描き、長期目標と短期目標を区別して設定できると良い。

【表2-8】ケースカンファレンスの手順と討議内容（例）

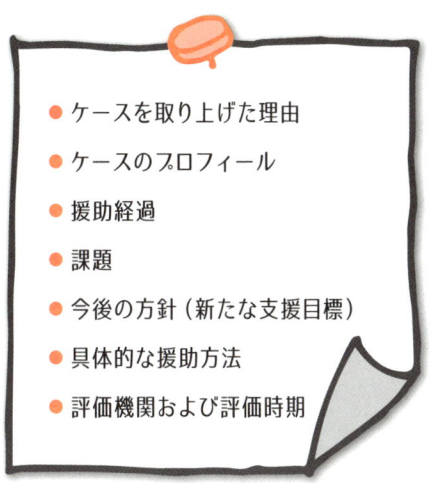

- ケースを取り上げた理由
- ケースのプロフィール
- 援助経過
- 課題
- 今後の方針（新たな支援目標）
- 具体的な援助方法
- 評価機関および評価時期

【表2-9】ケースカンファレンスの提案者が作成する資料の項目（例）

8 ネットワーク

　ネットワークという用語は、網状のものを意味する言葉で、ソーシャルワークで用いられるネットワークは、関係網の中心に人や組織が設定され、その人や組織が取り結んだ関係の全体網で表現されることが一般的です。ここで使用されるネットワークは「ソーシャルネットワーク」と同義で扱われています。またネットワークは、ソーシャルサポートという用語と並行して使われることが多くあります。これは、ソーシャルワークの援助（サポート）のあり方が、援助者一人に委ねるのではなく、多くの人々が幾重にも重なって網目（布）のようにネットワークを形成して初めて本来的な支援（サポート）ができる表れのひとつでもあります。

　児童館ガイドライン「第3章　児童館の機能・役割」および「第4章　児童館の活動内容」の中でネットワークの重要性が説明されています（表2-10）。このことからネットワークは、児童館の役割・機能と地域子育て支援の実践において、地域拠点の役割を担い包括的に対応する必要性があること、保育所や学校を含めた他機関との連携の重要性を認識する上でも、注視すべき方法であることが理解できます。

第3章 児童館の機能・役割 5 子どもの育ちに関する組織や人とのネットワークの推進
地域組織活動の育成を支援し、子どもの育ちに関する組織や人とのネットワークの中心となり、地域の子どもを健全に育成する拠点としての役割を担うこと。その際、地域の子どもの健全育成に資するボランティア団体や活動と連携し、地域で子育てを支え合う環境づくりに協力することが求められる。
第4章 児童館の活動内容・5 子育て支援の実施
(4) 地域の子育て支援 　①地域の子育て支援ニーズを把握し、包括的な相談窓口としての役割を果たすように努めること。 　②子育て支援ニーズの把握や相談対応に当たっては、保育所、学校等と連携を密にしながら行うこと。 　③地域住民やＮＰＯ、関係機関と連携を図り、協力して活動するなど子育てに関するネットワークを築き、子育てしやすい環境づくりに努めること。

【表2-10】【児童館ガイドライン】で規定するネットワークに関する内容

では、ネットワークの具体的な要素には、どのようなものがあるのでしょう。

図2-5は、人間を取り巻く環境をネットワーク図として示しているものです。中心に一人の人間を置き、内側の輪から外輪に向けて「身体レベル」「生活環境レベル」「社会環境レベル」「地球環境レベル」のネットワークが広がっていることが理解できます。そして、人はこの環境の上に立ち、この環境のバランスの上でその人の生命や生活が成り立っているのです。言い換えれば、例えばその子どもに問題があると見たとき、あるいはその子どもの支援を考えてその子どもの何かを補おうとしたとき、このようなネットワーク全体像の存在を把握していると問題の発見や対象となる利用者の援助に効果を発揮します。

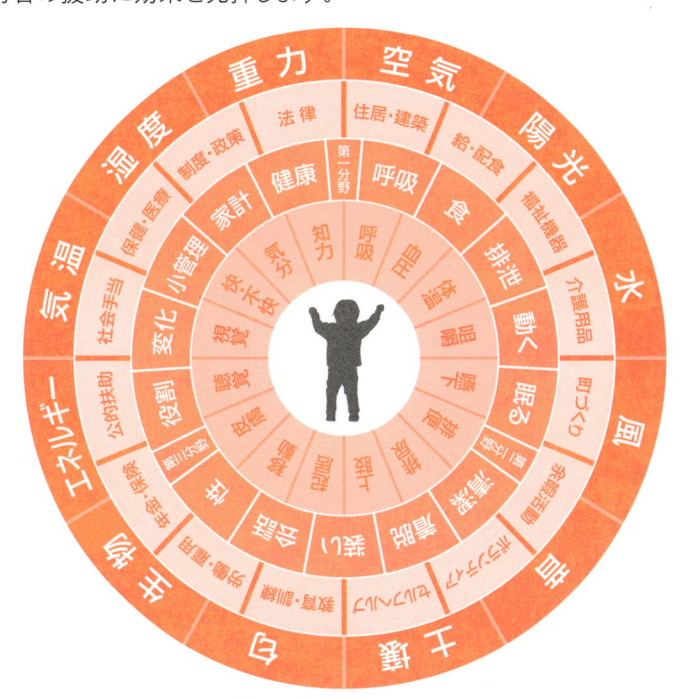

【図2-5】ネットワーク図
出典：金井一薫 著「KOMI理論」現代社 2004.p59

図2-6は、地域子育て支援のネットワークを包括的に捉えた概念図です。これまで子育て支援というと支援者同士のみのネットワークで支援を考えがちでありましたが、近年は、利用者のネットワーク、すなわち当事者ネットワークを含めて地域の子育て支援のネットワークを考えようとする捉え方が主流になってきています。

　とかく児童館・児童クラブでの支援は、目の前の子どもの関わりに日々追われるあまり、その子どもの関わりや援助に問題を感じたとしても問題の所在を、子ども自身やその保護者あるいは職員自身の関わりにだけに目が行きがちです。しかし、その子どもを中心としたさまざまな繋がり、すなわちネットワークでその子どもを見てみると問題の所在が他にも存在する可能性が予測できたり、支援の方法の一つがネットワークの強化・拡充であったり考えられるきっかけにもなります。また、これらネットワークの視点は、児童館や児童クラブの運営の振り返りや今後の改善点を考える上でも役に立ちます。

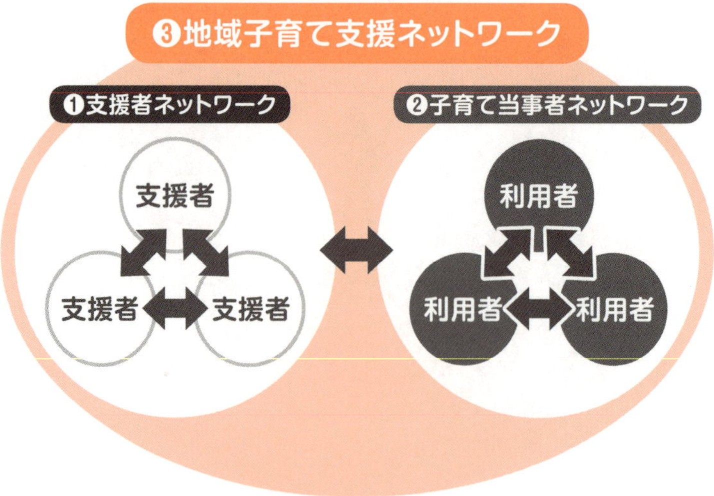

【図2-6】地域子育て支援ネットワークの概念図
出典：中谷奈津子著「住民主体の地域子育て支援」中央法規2016 p.6を著者が一部改変

コラム
児童相談所全国共通ダイヤル

虐待を受けたと思われる子どもを見つけた時、育児に悩んだ時などに、ためらわずに児童相談所に電話できるよう、全国共通の番号によって、近くの児童相談所に電話が繋がる仕組みが導入されています。

いち　はや　く
1　8　9

児童相談所全国共通ダイヤルにかけると、発信した電話の市内局番等から当該地域を特定し、管轄の児童相談所に電話を転送します。

主な転送パターン
(1) 固定電話からかけた場合
　　発信した電話の市内局番等から管轄が特定できれば、そのまま児童相談所へ転送されます。
　　特定できない場合は、ガイダンスに沿って発信者にお住まいの地域情報を入力してもらうことにより、管轄児童相談所を特定し、電話を転送します。

(2) 携帯電話から発信した場合
　　オペレーターが発信者からお住まいの地域情報を聞き取り、管轄児童相談所を特定し、電話を転送します。

※一部のIP電話はつながりません。
※通話料がかかります。

9 スーパービジョン

　スーパービジョンは、識者によってさまざまな意味づけや見解がありますが一言で説明すると「専門家養成および人材活用の過程と方法」と言えるでしょう。ソーシャルワーカーの人材育成において困難なのは、援助場面がワーカーとクライアントという一対一の個別的環境を主とするため、新人ワーカーがその場にいることができずにベテランのワーカーの援助を"その場で見て学ぶ"ことがなかなかできない点にあります。この弱点を補う過程と方法としてスーパービジョンがあります。言い換えると「経験のある職員（スーパーバイザー）が経験の浅い職員（スーパーバイジー）に対して人材育成に向けて行う関わりの内容と方法」ということになります。

　児童館・児童クラブでの人材育成においても、集合研修や外部研修は設定できるものの、新人職員がベテラン職員から実際的な場面に基づいた指導を受けにくい環境にあるという点では、このスーパービジョンの必要性と合致するかもしれません。

　まず、スーパービジョンの機能には、管理機能、教育機能、支持機能の3つがあります。これらは機能ごとに場面や方法を区別して設定しているものではなく、スーパーバイザーとスーパーバイジーとの関わりの中で複合的かつ意図的に実施されているものとして理解しましょう。よって、これまでにも児童館や児童クラブの運営や職員教育において既に実施している内容や方法もありますが、大切なのは既存の取り組みがスーパービジョンの機能と何が合致していて不足しているのかを把握することです（表2-11）。

機　能	スーパーバイジーへの問い（発話内容）	目　的	テーマ・焦点
管理機能	「何をしたか？」「何をしようとしているか？」	①職務・職責、役割、責任範囲を確認する ②業務・援助行動の計画性を確認する ③業務・援助の考え方や視点に社会福祉の専門性に関する理論・情報・価値を活用したかを確認する ④業務の効果予測を確認する	①職務上の立場・職位、責任範囲 ②援助目的・計画・援助期間・援助内容・具体的効果 ③理論・知識・技術・情報・価値 ④効果、限界
教育機能	「何が不足しているか？」	上欄4項目についての不足の部分を確認する	課題、要望、ニーズ
支持機能	「何を悩んでいるか？」	上欄4項目にまつわる悩み、不安、自信喪失を確認する	悩み、不安、自信がない

【表2-11】スーパービジョンの機能

出典：福山和女 編著（2005）『ソーシャルワークのスーパービジョン』ミネルヴァ書房 p.205を著者が一部改変

　つぎに、スーパービジョン（SV）の方法の種類には、スーパーバイザーとスーパーバイジーが1対1で行う個人SV、スーパーバイザーがスーパーバイジーの集団に参加して行うグループSV、スーパーバイジーだけのメンバーで構成したグループで行われるピアSV、スーパーバイザー集団の中に一人もしくは少人数のスーパーバイジーが参加して行うユニットSV、スーパーバイザーとクライエントの実践場面をスーパーバイジーが観察（同席）するライブSVなどさまざまな形態が含まれています。このスーパービジョンの形態のみを概観すると、現場で実施している職員会議やカンファレンスはグループSVやユニットSVであったり、新人職員への指導場面は個人SVやライブSVが、これらに含まれ、スーパービジョンが特別な方法でないことが理解できます（図2-7）。

　このようにスーパービジョンに対して機能的かつ形態的な理解が進むと、事業所として、あるいは管理監督者、先輩職員として、人材育成に向けて振り返りを行うことができ、今後に向けて更にその内容と方法の向上が期待できます。

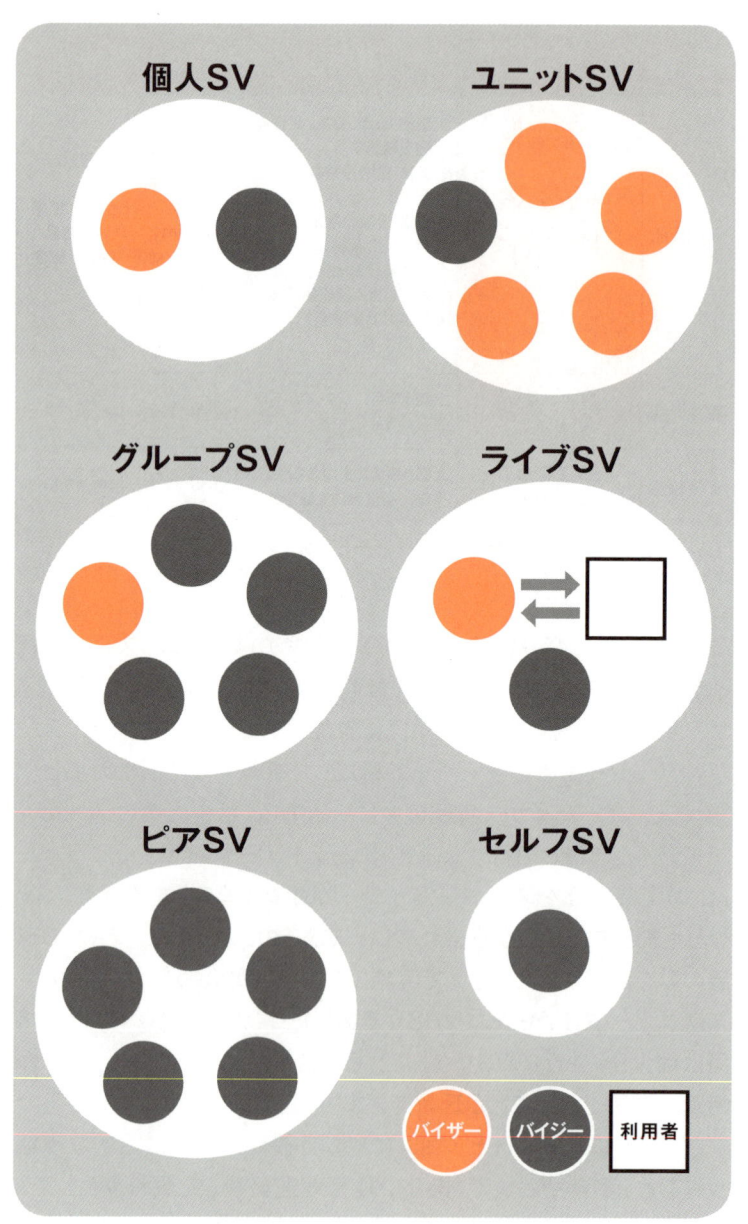

【図 2-7】スーパービジョンの形態
出典：福山和女著（2000）「スーパービジョンとコンサルテーション」P28～31の図を著者が一部改変

コラム
児童館・放課後児童クラブ職員の倫理綱領

子どもたちや保護者等の抱える課題に対応する専門職者として、高い倫理性が求められています。全国児童厚生員研究協議会では、第13回全国児童館・児童クラブ大会・東北復興支援フォーラムにて倫理綱領を採択しました。

児童厚生員・放課後児童指導員の倫理綱領

私たちは、児童館・放課後児童クラブが、児童福祉法の理念を地域社会の中で具現化する児童福祉施設・事業であることを明言する。
私たちは、児童館・放課後児童クラブの仕事が、地域における子どもの最善の利益を守る援助者として専門的資質を要する職業となることを強く希求する。
そのため、私たちはここに倫理綱領を定め、豊かな人間性と専門性を保持・向上することに努め、専門職者の自覚と誇りをもってその職責をまっとうすることを宣言する。

1. 私たちは、子どもの安心・安全を守って、その最善の利益を図り、児童福祉の増進に努めます。
2. 私たちは、子どもの人権を尊重し個性に配慮して、一人ひとりの支援を行います。
3. 私たちは、身体的・精神的苦痛を与える行為から子どもを守ります。
4. 私たちは、保護者に子どもの様子を客観的かつ継続的に伝え、保護者の気持ちに寄り添って、信頼関係を築くように努めます。
5. 私たちは、地域の健全育成に携わる人々・関係機関と連携を図り、信頼関係を築くように努めます。
6. 私たちは、事業にかかわる個人情報を適切に保護（管理）し、守秘義務を果たします。
7. 私たちは、子どもの福祉増進のために必要な情報を公開し、説明責任を果たします。
8. 私たちは、互いの資質を向上させるために協力して研さんに努め、建設的に職務を進めます。
9. 私たちは、地域において子育ての支援に携わる大人として人間性と専門性の向上に努め、子どもたちの見本となることを目指します。

平成25年12月15日 全国児童厚生員研究協議会

10 まとめ

　本章では、主にアプローチの技法、面接の技法、記録、ネットワーク、スーパービジョンについて確認してきました。これらの実践内容や方法は、児童館や児童クラブで既に行われている内容も少なくなかったのではないかと思われます。それと同時に日頃行われている自分たちの実践がソーシャルワークの原理原則に基づいたものであることが確認できたり、あるいはソーシャルワークの視点で自分たちの実践を見てみると新たな発見や課題も気付けたのではないでしょうか。

　今、児童館・児童クラブは、社会的に大きな注目を浴びています。それは、子どもの権利条約の批准や児童福祉法の大改定、そして子ども・子育て支援法施行など国家規模での大きな制度環境の変化の中、格差社会、共働き世帯が一般化する中で、子どもたちが健全な成長に向けて過ごすことができる生活空間の確保と、その親たちが学校、家庭以外の場所でも安心して子どもたちを預けたり、共に過ごすことのできる場所を求める切実な当事者の声とも受け取ることができます。

　一方、児童館・児童クラブの現場に目を移すと、多様な子どもの受け入れ、待機児童、活動空間の狭さ、職員不足など運営や支援上の課題が山積しています。つまり、現場職員は日々接する子どもや親たちの対応の中で社会的な必要性や期待と、職場環境を含む社会的環境の厳しさという狭間の中で多くのジレンマを抱えている現実が少なからず存在していることが推測されています。

　本書は、そのような現場職員の方々の日々の実践に対してソーシャルワークという理論・技術と重ね合わせながら確認・解説し、現場職員がソーシャルワーカーであり、その実践者であることを述べてきました。そこで最後に、今一度、このソーシャルワークの本質を伝えるべく、まとめにかえて「ソーシャルワーカーの倫理綱領（前文）」を紹介いたします。

われわれソーシャルワーカーは、すべての人が人間としての尊厳を有し、価値ある存在であり、平等であることを深く認識する。われわれは平和を擁護し、人権と社会正義の原理に則り、サービス利用者本位の質の高い福祉サービスの開発と提供に努めることによって、社会福祉の推進とサービス利用者の自己実現をめざす専門職であることを言明する。

　われわれは、社会の進展に伴う社会変動が、ともすれば環境破壊及び人間疎外をもたらすことに着目する時、この専門職がこれからの福祉社会にとって不可欠の制度であることを自覚するとともに、専門職ソーシャルワーカーの職責についての一般社会及び市民の理解を深め、その啓発に努める。

　われわれは、われわれの加盟する国際ソーシャルワーカー連盟が採択した、次の「ソーシャルワークの定義」(2000年7月)を、ソーシャルワーク実践に適用され得るものとして認識し、その実践の拠り所とする。

ソーシャルワークの定義

　ソーシャルワーク専門職は、人間の福利（ウェルビーイング）の増進を目指して、社会の変革を進め、人間関係における問題解決を図り、人々のエンパワーメントと解放を促していく。ソーシャルワークは、人間の行動と社会システムに関する理論を利用して、人びとがその環境と相互に影響し合う接点に介入する。人権と社会正義の原理は、ソーシャルワークの拠り所とする基盤である。（IFSW;2000.7.）

　われわれは、ソーシャルワークの知識、技術の専門性と倫理性の維持、向上が専門職の職責であるだけでなく、サービス利用者は勿論、社会全体の利益に密接に関連していることを認識し、本綱領を制定してこれを遵守することを誓約する者により、専門職団体を組織する。

児童館・児童クラブの現場では、多様化・格差化が進行する社会の中で、職員はさまざまな子ども達と出会いかかわりを持ちます。職員は、どのような状況や環境にあっても、目の前の子どもに対して、その子どもが社会にとってかけがえのない存在として尊重され、職員はその保護者や地域社会の人々と一緒になって一人ひとりの育ちを保障できるよう健全育成という社会的正義の原理に則り実践したいものです。そして、その実践一つ一つが地域社会や自職場の環境を改善していく取り組みの一つになることを期待しています。

関係機関

- **児童相談所**

 児童家庭に関する相談について子どもの家庭、地域状況、生活歴や発達、性格、行動等について専門的な角度から総合的に調査、診断、判定（総合診断）し、子どもの援助を行う機関。

 必要に応じて子どもを家庭から離す一時保護、児童福祉施設入所、里親等委託等の措置ができる。そのほか、民法上の権限として、親権者の親権喪失宣告の請求、未成年後見人選任及び解任の請求を行うことができる。

- **福祉事務所（家庭児童相談室）**

 その管轄する地域の住民の福祉を図る行政機関であり、福祉六法（生活保護法、母子及び寡婦福祉法、老人福祉法、身体障害者福祉法、知的障害者福祉法、児童福祉法）に基づく事務を行う。福祉事務所は都道府県及び市が設置義務を負い、町村は任意設置となっている。

 一部の福祉事務所には、児童家庭の福祉に関する相談や指導業務の充実強化を図るため、家庭児童相談室が設置され、専門の相談員を配置している。

- **教育相談室（教育委員会）**

 設置先により異なるが、教員経験者、スクールカウンセラー、スクールソーシャルワーカーなどを配置して、相談に応じている。

 性格や行動、精神・身体問題、発達、しつけ、進路適性についてのほか、体罰等および学校でのセクシュアル・ハラスメントに関する相談に対応する窓口もある。

- **保健所・保健センター**

 保健所は地域保健法に基づき都道府県、政令指定都市、中核市その他指定された市又は特別区が設置する地域の保健活動を展開する機関。

 市町村に設置される保健センターでは対人保健サービスを実施している。母子保健等を担当する保健師が配置されている。

- **児童家庭支援センター**

 児童家庭支援センターは、児童相談所等の関係機関と連携しつつ、地域に密着したよりきめ細かな相談支援を行う児童福祉施設である。多くは児童養護施設等に付置されている。

 関係機関と連携し、地域の子どもの福祉に関する各般の問題に関する相談、必要な助言を行っている。児童家庭支援センターは、24時間365日体制で相談業務を行っていることから、夜間や休日における対応が可能である。2008年の児童福祉法改正により、市町村の求めに応じた支援活動も展開できるようになった。（一部の自治体で設置されている「子ども（児童）家庭支援センター」は市区町村の窓口を指す場合もある）
 http://www4.ttn.ne.jp/~e-jikasen/
 全国児童家庭支援センター協議会

- **発達障害者支援センター**

 発達障害児(者)への支援を総合的に行うことを目的とした専門的機関。相談支援や研修等を実施している。都道府県・指定都市自ら、または、都道府県知事等が指定した社会福祉法人、特定非営利活動法人等が運営している。
 http://www.rehab.go.jp/ddis/
 国立障害者リハビリテーションセンター（発達障害情報・支援センター）

参考文献

- 「児童館―理論と実践」児童健全育成推進財団 2007

- 「子ども支援者と倫理」児童健全育成推進財団 2012

- 「児童館におけるソーシャルワーク実践」児童健全育成推進財団 2014

- 「児童館論」児童健全育成推進財団 2015

- 荒井育恵 著「学童保育室で暴れる子どもたち」本の泉社 2016

- A.R.ホックシールド 著「管理される心」世界思想社 2000

- 金井一薫 著「KOMI理論」現代社 2004

- 小林育子・小館静枝 著「相談援助」萌文書林 2011

- 公益社団法人日本社会福祉士会
  「ソーシャルワーク専門職のグローバル定義（日本語訳確定版）」
  < https://www.jacsw.or.jp/06_kokusai/IFSW/files/SW_teigi_japanese.pdf >

- 厚生労働省子ども家庭局「児童館ガイドラインの改正について
  （子発1001第1号）」2018
  < https://www.mhlw.go.jp/content/11906000/000361016.pdf >

- 厚生労働省子ども家庭局「「要支援児童等（特定妊婦を含む）の
  情報提供に係る保健・医療・福祉・教育等の連携の一層の推進に
  ついて」の一部改正について（子家発0720第4号、子母発 0720
  第4号）」2018
  < https://www.mhlw.go.jp/content/11900000/000336009.pdf >

- 倉石哲也・大竹 智 編「相談援助」ミネルヴァ書房 2017

- 井元真澄 編著「保育士のための相談援助」大学図書出版 2012

- 前田敏雄 監修 佐藤伸隆・中西遍彦 著「演習・保育と相談援助」
  みらい 2011

児童館・放課後児童クラブ　テキストシリーズ ❹
ソーシャルワーク

著　者：野澤義隆（東京都市大学人間科学部講師）
　　　　野田敦史（高崎健康福祉大学人間発達学部准教授）
　　　　阿南健太郎（一般財団法人児童健全育成推進財団部長）

監　修：大竹　智（立正大学社会福祉学部教授）

発　行　日：2019年10月

企画・編集：一般財団法人　児童健全育成推進財団

発　　　行：一般財団法人　児童健全育成推進財団
　　　　　　〒150-0002 東京都渋谷区渋谷2-12-15日本薬学会ビル7F
　　　　　　TEL:03-3486-5141